U0081631

心一堂術數古籍珍本叢刊

書名：命相談奇（虛白廬藏本）　第四集
系列：心一堂術數古籍珍本叢刊　星命類　相術類　第三輯　314
作者：【民國】齊東野
主編、責任編輯：陳劍聰
心一堂術數古籍珍本叢刊編校小組：陳劍聰　素聞　鄒偉才　虛白盧主　丁鑫華

出版：心一堂有限公司
通訊地址：香港九龍旺角彌敦道六一〇號荷李活商業中心十八樓〇五—〇六室
深港讀者服務中心：中國深圳市羅湖區立新路六號羅湖商業大廈負一層〇〇八室
電話號碼：(852)9027-7110
網址：publish.sunyata.cc
電郵：sunyatabook@gmail.com
網店：http://book.sunyata.cc
淘寶店地址：https://sunyata.taobao.com
微店地址：https://weidian.com/s/1212826297
臉書：https://www.facebook.com/sunyatabook
讀者論壇：http://bbs.sunyata.cc/

版次：二零二零年四月初版
平裝

定價：港幣　九十八元正
　　　新台幣　四百五十元正

國際書號：ISBN 978-988-8583-19-5

香港發行：香港聯合書刊物流有限公司
地址：香港新界大埔汀麗路36號中華商務印刷大廈3樓
電話號碼：(852)2150-2100
傳真號碼：(852)2407-3062
電郵：info@suplogistics.com.hk

台灣發行：秀威資訊科技股份有限公司
地址：台灣台北市內湖區瑞光路七十六巷六十五號一樓
電話號碼：+886-2-2796-3638
傳真號碼：+886-2-2796-1377
網絡書店：www.bodbooks.com.tw
台灣秀威書店讀者服務中心：
地址：台灣台北市中山區松江路二〇九號一樓
電話號碼：+886-2-2518-0207
傳真號碼：+886-2-2518-0778
網絡書店：http://www.govbooks.com.tw

中國大陸發行　零售：深圳心一堂文化傳播有限公司
深圳地址：深圳市羅湖區立新路六號羅湖商業大廈負一層〇〇八室
電話號碼：(86)0755-82224934

心一堂微店二維碼

心一堂淘寶店二維碼

心一堂術數古籍 珍本 整理 叢刊 總序

術數定義

術數，大概可謂以「推算（推演）、預測人（個人、群體、國家等）、事、物、自然現象、時間、空間方位等規律及氣數，並或通過種種『方術』，從而達致趨吉避凶或某種特定目的」之知識體系和方法。

術數類別

我國術數的內容類別，歷代不盡相同，例如《漢書・藝文志》中載，漢代術數有六類：天文、曆譜、五行、蓍龜、雜占、形法。至清代《四庫全書》，術數類則有：數學、占候、相宅相墓、占卜、命書、相書、陰陽五行、雜技術等，其他如《後漢書・方術部》、《藝文類聚・方術部》、《太平御覽・方術部》等，對於術數的分類，皆有差異。古代多把天文、曆譜、及部分數學均歸入術數類，而民間流行亦視傳統醫學作為術數的一環；此外，有些術數與宗教中的方術亦往往難以分開。現代民間則常將各種術數歸納為五大類別：命、卜、相、醫、山，通稱「五術」。

本叢刊在《四庫全書》的分類基礎上，將術數分為九大類別：占筮、星命、相術、堪輿、選擇、三式、讖諱、理數（陰陽五行）、雜術（其他）。而未收天文、曆譜、算術、宗教方術、醫學。

術數思想與發展——從術到學，乃至合道

我國術數是由上古的占星、卜筮、形法等術發展下來的。其中卜筮之術，是歷經夏商周三代而通過「龜卜、蓍筮」得出卜（筮）辭的一種預測（吉凶成敗）術，之後歸納並結集成書，此即現傳之《易

經》。經過春秋戰國至秦漢之際，受到當時諸子百家的影響、儒家的推祟，遂有《易傳》等的出現，原本是卜筮術書的《易經》，被提升及解讀成有包涵「天地之道（理）」之學。因此，《易・繫辭傳》曰：「易與天地準，故能彌綸天地之道。」

漢代以後，易學中的陰陽學說，與五行、九宮、干支、氣運、災變、律曆、卦氣、讖緯、天人感應說等相結合，形成易學中象數系統。而其他原與《易經》本來沒有關係的術數，如占星、形法、選擇，亦漸漸以易理（象數學說）為依歸。《四庫全書・易類小序》云：「術數之興，多在秦漢以後。要其旨，不出乎陰陽五行，生尅制化。實皆《易》之支派，傳以雜說耳。」至此，術數可謂已由「術」發展成「學」。

及至宋代，術數理論與理學中的河圖洛書、太極圖、邵雍先天之學及皇極經世等學說給合，通過術數以演繹理學中「天地中有一太極，萬物中各有一太極」（《朱子語類》）的思想。術數理論不單已發展至十分成熟，而且也從其學理中衍生一些新的方法或理論，如《梅花易數》、《河洛理數》等。

在傳統上，術數功能往往不止於僅僅作為趨吉避凶的方術，及「能彌綸天地之道」的學問，亦有其「修心養性」的功能，「與道合一」（修道）的內涵。《素問・上古天真論》：「上古之人，其知道者，法於陰陽，和於術數。」數之意義，不單是外在的算數、歷數、氣數，而是與理學中同等的「道」、「理」--心性的功能，北宋理氣家邵雍對此多有發揮：「聖人之心，是亦數也」、「萬化萬事生乎心」、「心為太極」。《觀物外篇》：「先天之學，心法也。……蓋天地萬物之理，盡在其中矣，心一而不分，則能應萬物。」反過來說，宋代的術數理論，受到當時理學、佛道及宋易影響，認為心性本質上是等同天地之太極。天地萬物氣數規律，能通過內觀自心而有所感知，即是內心也已具備有術數的推演及預測、感知能力；相傳是邵雍所創之《梅花易數》，便是在這樣的背景下誕生。

《易・文言傳》已有「積善之家，必有餘慶；積不善之家，必有餘殃」之說，至漢代流行的災變說及讖緯說，我國數千年來都認為天災，異常天象（自然現象），皆與一國或一地的施政者失德有關；下至家族、個人之盛衰，也都與一族一人之德行修養有關。因此，我國術數中除了吉凶盛衰理數之外，人心的德行修養，也是趨吉避凶的一個關鍵因素。

術數與宗教、修道

在這種思想之下，我國術數不單只是附屬於巫術或宗教行為的方術，又往往是一種宗教的修煉手段--通過術數，以知陰陽，乃至合陰陽（道）。「其知道者，法於陰陽，和於術數。」例如，「奇門遁甲」術中，即分為「術奇門」與「法奇門」兩大類。「法奇門」中有大量道教中符籙、手印、存想、內煉的內容，是道教內丹外法的一種重要外法修煉體系。甚至在雷法一系的修煉上，亦大量應用了術數內容。此外，相術、堪輿術中也有修煉望氣（氣的形狀、顏色）的方法；堪輿家除了選擇陰陽宅之吉凶外，也有道教中選擇適合修道環境（法、財、侶、地中的地）的方法，以至通過堪輿術觀察天地山川陰陽之氣，亦成為領悟陰陽金丹大道的一途。

易學體系以外的術數與的少數民族的術數

我國術數中，也有不用或不全用易理作為其理論依據的，如揚雄的《太玄》、司馬光的《潛虛》。也有一些占卜法、雜術不屬於《易經》系統，不過對後世影響較少而已。

外來宗教及少數民族中也有不少雖受漢文化影響（如陰陽、五行、二十八宿等學說。）但仍自成系統的術數，如古代的西夏、突厥、吐魯番等占卜及星占術，藏族中有多種藏傳佛教占卜術、苯教占卜術、擇吉術、推命術、相術等；北方少數民族有薩滿教占卜術；不少少數民族如水族、白族、布朗族、佤族、彝族、苗族等，皆有占雞（卦）草卜、雞蛋卜等術，納西族的占星術、占卜術，彝族畢摩的推命術、占卜術……等等，都是屬於《易經》體系以外的術數。相對上，外國傳入的術數以及其理論，對我國術數影響更大。

曆法、推步術與外來術數的影響

我國的術數與曆法的關係非常緊密。早期的術數中，很多是利用星宿或星宿組合的位置（如某星在某州或某宮某度）付予某種吉凶意義，并據之以推演，例如歲星（木星）、月將（某月太陽所躔之宮次）等。不過，由於不同的古代曆法推步的誤差及歲差的問題，若干年後，其術數所用之星辰的位置，已與真實星辰的位置不一樣了；此如歲星（木星），早期的曆法及術數以十二年為一周期（以應地支），與木星真實周期十一點八六年，每幾十年便錯一宮。後來術家又設一「太歲」的假想星體來解決，是歲星運行的相反，週期亦剛好是十二年。而術數中的神煞，很多即是根據太歲的位置而定。又如六壬術中的「月將」，原是立春節氣後太陽躔娵訾之次而稱作「登明亥將」，至宋代，因歲差的關係，要到雨水節氣後太陽才躔娵訾之次，當時沈括提出了修正，但明清時六壬術中「月將」仍然沿用宋代沈括修正的起法沒有再修正。

由於以真實星象周期的推步術是非常繁複，而且古代星象推步術本身亦有不少誤差，大多數術數除依曆書保留了太陽（節氣）、太陰（月相）的簡單宮次計算外，漸漸形成根據干支、日月等的各自起例，以起出其他具有不同含義的眾多假想星象及神煞系統。唐宋以後，我國絕大部分術數都主要沿用這一系統，也出現了不少完全脫離真實星象的術數，如《子平術》、《紫微斗數》、《鐵版神數》等。後來就連一些利用真實星辰位置的術數，如《七政四餘術》及選擇法中的《天星選擇》，也已與假想星象及神煞混合而使用了。

隨着古代外國曆（推步）、術數的傳入，如唐代傳入的印度曆法及術數，元代傳入的回回曆等，其中我國占星術便吸收了印度占星術中羅睺星、計都星等而形成四餘星，又通過阿拉伯占星術而吸收了其中來自希臘、巴比倫占星術的黃道十二宮、四大（四元素）學說（地、水、火、風），並與我國傳統的二十八宿、五行說、神煞系統並存而形成《七政四餘術》。此外，一些術數中的北斗星名，不用我國傳統的星名：天樞、天璇、天璣、天權、玉衡、開陽、搖光，而是使用來自印度梵文所譯的：貪狼、巨門、祿存、文曲，廉貞、武曲、破軍等，此明顯是受到唐代從印度傳入的曆法及占星術所影響。如星命術中的《紫微斗數》及堪輿術中的《撼龍經》等文獻中，其星皆用印度譯名。及至清初《時憲曆》，置閏之法則改用西法「定氣」。清代以後的術數，又作過不少的調整。

此外，我國相術中的面相術、手相術，唐宋之際受印度相術影響頗大，至民國初年，又通過翻譯歐西、日本的相術書籍而大量吸收歐西相術的內容，形成了現代我國坊間流行的新式相術。

陰陽學——術數在古代、官方管理及外國的影響

術數在古代社會中一直扮演着一個非常重要的角色，影響層面不單只是某一階層、某一職業、某一年齡的人，而是上自帝王，下至普通百姓，從出生到死亡，不論是生活上的小事如洗髮、出行等，大事如建房、入伙、出兵等，從個人、家族以至國家，從天文、氣象、地理到人事、軍事，從民俗、學術到宗教，都離不開術數的應用。我國最晚在唐代開始，已把以上術數之學，稱作陰陽（學），行術數者稱陰陽人。（敦煌文書、斯四三二七唐《師師漫語話》：「以下說陰陽人謾語話」，此說法後來傳入日本，今日本人稱行術數者為「陰陽師」）。一直到了清末，欽天監中負責陰陽術數的官員中，以及民間術數之士，仍名陰陽生。

古代政府的中欽天監（司天監），除了負責天文、曆法、輿地之外，亦精通其他如星占、選擇、堪輿等術數，除在皇室人員及朝庭中應用外，也定期頒行日書、修定術數，使民間對於天文、日曆用事吉凶及使用其他術數時，有所依從。

我國古代政府對官方及民間陰陽學及陰陽官員，從其內容、人員的選拔、培訓、認證、考核、律法監管等，都有制度。至明清兩代，其制度更為完善、嚴格。

宋代官學之中，課程中已有陰陽學及其考試的內容。（宋徽宗崇寧三年〔一一零四年〕崇寧算學令：「諸學生習……並曆算、三式、天文書。」「諸試……三式即射覆及預占三日陰陽風雨。天文即預

定一月或一季分野災祥，並以依經備草合問為通。」

金代司天臺，從民間「草澤人」（即民間習術數人士）考試選拔：「其試之制，以《宣明曆》試推步，及《婚書》、《地理新書》試合婚、安葬，並《易》筮法，六壬課、三命、五星之術。」（《金史》卷五十一・志第三十二・選舉一）

元代為進一步加強官方陰陽學對民間的影響、管理、控制及培育，除沿襲宋代、金代在司天監掌管陰陽學及中央的官學陰陽學課程之外，更在地方上增設陰陽學課程（《元史・選舉志一》：「世祖至元二十八年夏六月始置諸路陰陽學。」）地方上也設陰陽學教授員，培育及管轄地方陰陽人。（《元史・選舉志一》：「（元仁宗）延祐初，令陰陽人依儒醫例，於路、府、州設教授員，凡陰陽人皆管轄之，而上屬於太史焉。」）自此，民間的陰陽術士（陰陽人），被納入官方的管轄之下。

至明清兩代，陰陽學制度更為完善。中央欽天監掌管陰陽學，明代地方縣設陰陽學正術，各州設陰陽學典術，各縣設陰陽學訓術。陰陽人從地方陰陽學肄業或被選拔出來後，再送到欽天監考試。（《大明會典》卷二二三：「凡天下府州縣舉到陰陽人堪任正術等官者，俱從吏部送（欽天監），考中，送回選用；不中者發回原籍為民，原保官吏治罪。」）清代大致沿用明制，凡陰陽術數之流，悉歸中央欽天監及地方陰陽官員管理、培訓、認證。至今尚有「紹興府陰陽印」、「東光縣陰陽學記」等明代銅印，及某某縣某某之清代陰陽執照等傳世。

清代欽天監漏刻科對官員要求甚為嚴格。《大清會典》「國子監」規定：「凡算學之教，設肄業生。滿洲十有二人，蒙古、漢軍各六人，於各旗官學內考取。漢十有二人，於舉人、貢監生童內考取。附學生二十四人，由欽天監選送。教以天文演算法諸書，五年學業有成，舉人引見以欽天監博士用，貢監生童以天文生補用。」學生在官學肄業、貢監生肄業或考得舉人後，經過了五年對天文、算法、陰陽學的學習，其中精通陰陽術數者，會送往漏刻科。而在欽天監供職的官員，《大清會典則例》「欽天監」規定：「本監官生三年考核一次，術業精通者，保題升用。不及者，停其升轉，再加學習。如能黽勉供職，即予開復。仍不及者，降職一等，再令學習三年，能習熟者，准予開復，仍不能者，黜退。」除定期考核以定其升用降職外，《大清律例》中對陰陽術士不準確的推斷（妄言禍福）是要治罪的。《大清律例・一七八・術七・妄言禍福》：「凡陰陽術士，不許於大小文武官員之家妄言禍福，違者杖一百。其依經推算星命卜課，不在禁限。」大小文武官員延請的陰陽術士，自然是以欽天監漏刻科官員或地方陰陽官員為主。

官方陰陽學制度也影響鄰國如朝鮮、日本、越南等地，一直到了民國時期，鄰國仍然沿用着我國的多種術數。而我國的漢族術數，在古代甚至影響遍及西夏、突厥、吐蕃、阿拉伯、印度、東南亞諸國。

術數研究

術數在我國古代社會雖然影響深遠，「是傳統中國理念中的一門科學，從傳統的陰陽、五行、九宮、八卦、河圖、洛書等觀念作大自然的研究。……傳統中國的天文學、數學、煉丹術等，要到上世紀中葉始受世界學者肯定。可是，術數還未受到應得的注意。術數在傳統中國科技史、思想史，文化史、社會史，甚至軍事史都有一定的影響。……更進一步了解術數，我們將更能了解中國歷史的全貌。」（何丙郁《術數、天文與醫學中國科技史的新視野》，香港城市大學中國文化中心。）

可是術數至今一直不受正統學界所重視，加上術家藏秘自珍，又揚言天機不可洩漏，「（術數）乃吾國科學與哲學融貫而成一種學說，數千年來傳衍嬗變，或隱或現，全賴一二有心人為之繼續維繫，賴以不絕，其中確有學術上研究之價值，非徒癡人說夢，荒誕不經之謂也。其所以至今不能在科學中成立一種地位者，實有數因。蓋古代士大夫階級目醫卜星相為九流之學，多恥道之；而發明諸大師又故為惝恍迷離之辭，以待後人探索；間有一二賢者有所發明，亦秘莫如深，既恐洩天地之秘，復恐譏為旁門左道，始終不肯公開研究，成立一有系統說明之書籍，貽之後世。故居今日而欲研究此種學術，實一極困難之事。」（民國徐樂吾《子平真詮評註》，方重審序）

現存的術數古籍，除極少數是唐、宋、元的版本外，絕大多數是明、清兩代的版本。其內容也主要是明、清兩代流行的術數，唐宋或以前的術數及其書籍，大部分均已失傳，只能從史料記載、出土文獻、敦煌遺書中稍窺一鱗半爪。

術數版本

坊間術數古籍版本，大多是晚清書坊之翻刻本及民國書賈之重排本，其中豕亥魚魯，或任意增刪，往往文意全非，以至不能卒讀。現今不論是術數愛好者，還是民俗、史學、社會、文化、版本等學術研究者，要想得一常見術數書籍的善本、原版，已經非常困難，更遑論如稿本、鈔本、孤本等珍稀版本。在文獻不足及缺乏善本的情況下，要想對術數的源流、理法、及其影響，作全面深入的研究，幾不可能。

有見及此，本叢刊編校小組經多年努力及多方協助，在海內外搜羅了二十世紀六十年代以前漢文為主的術數類善本、珍本、鈔本、孤本、稿本、批校本等數百種，精選出其中最佳版本，分別輯入兩個系列：

一、心一堂術數古籍珍本叢刊

二、心一堂術數古籍整理叢刊

前者以最新數碼（數位）技術清理、修復珍本原本的版面，更正明顯的錯訛，部分善本更以原色彩色精印，務求更勝原本。并以每百多種珍本、一百二十冊為一輯，分輯出版，以饗讀者。

後者延請、稿約有關專家、學者，以善本、珍本等作底本，參以其他版本，古籍進行審定、校勘、注釋，務求打造一最善版本，方便現代人閱讀、理解、研究等之用。

限於編校小組的水平，版本選擇及考證、文字修正、提要內容等方面，恐有疏漏及舛誤之處，懇請方家不吝指正。

心一堂術數古籍　珍本／整理　叢刊編校小組

二零零九年七月序

二零一四年九月第三次修訂

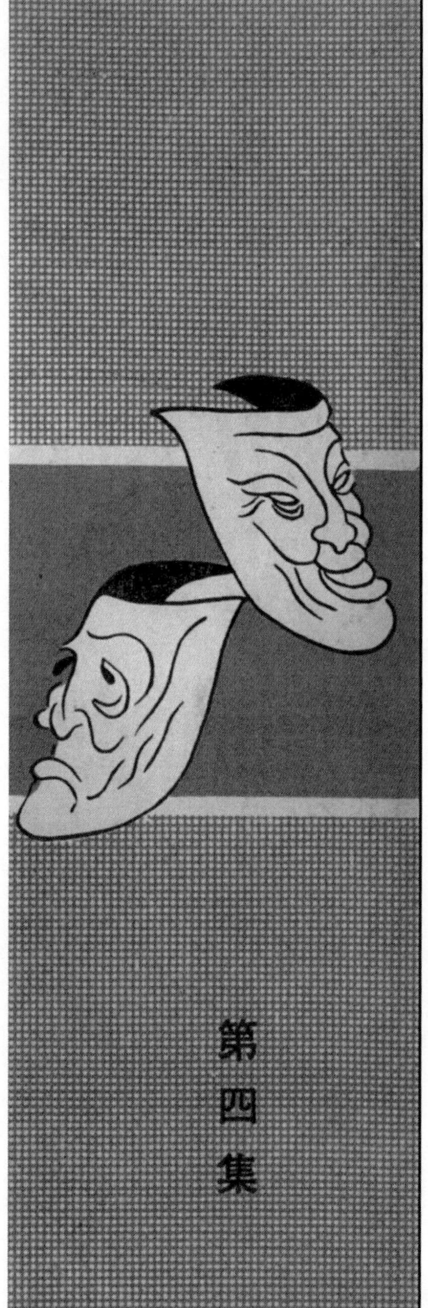

真人真事　不可思議

命相談奇

齊東野著

一九六四年一月一日初版

命相談奇 第四集

定價港幣一元六角

著作者：齊東野

出版者：宇宙出版社
香港活道十四號六樓

發行者：長興書局
香港皇后大道西三〇五號

吳興記報社
香港利源東街廿六號二樓

遠東文化有限公司
星加坡厦門街十九號

承印者：同興印務公司
香港厦門街廿三號

命相談奇

第四集

齊東野著

香港宇宙出版社印行

第四集目錄

一：甘迺廸不得善終眼是兇相

蓋棺論定，美國總統甘迺廸之成為英雄，大政治家，世界偉人，永為世人所崇敬，後人所追思，那是已成了事實。自他被刺斃命消息傳出之後，全世界每一角落都以這不幸新聞為話題之外，就香港論，也有不少人談到他本人和夫人的相貌問題。

因為像甘迺廸此種偉大的人物、善良的人物，何以會有如此不得善終的結局呢？一想到這個莫名其妙的問題，除用命運去解答便沒有理由可以使人心平氣和的；因為「死生有命，富貴在天」是不可推翻的定理，甘迺廸何以會出生於大富之家，又何以能被當選為美國總統，這既然無法不承認關於命運，那末，他因為當了總統才死於非命，就也屬於命運了。

談論他倆夫婦的相貌的，有的人說甘迺廸的相型既不夠像羅斯福和艾森豪那麽「厚重」，又不夠像杜魯門那麽「老實」，依他的面型和體型看來，似乎有些美國式的「阿飛」型。有的說甘迺廸夫人的相，面太短，顴骨太大，體型不是「輕盈」而是「輕薄」，頗有「寡婦」型。

這看法也可以說是「通俗相術」，立論當然不錯，看相之事本來就是從許多人的共同看法歸納所得的結論。不過，通俗相術與「專門」相術當有其淺深的不同。比如說，甘廼廸相貌不夠厚重，只能說他的「福壽」二事不能如意，也可能不如一般人，當然也可以說，他就是當選爲總統，却不能像羅斯福、艾森豪和杜魯門那樣平穩。也不能像他們三位那樣連任和長壽。

至於他會死於非命，那不是不夠「厚重」不夠「老實」問題，因爲世界上像他那樣型的人多得很，難道都會死於非命嗎？因此，死於非命當另有「慘死」的相了。

有的畧知相術的人，也能看出甘廼廸的眼相不好。不錯，這就是他此次死於非命的毛病所在了。請大家把甘氏的照相拿來一看，就很容易看出他的眼睛有一種說不出的毛病。這毛病就是所謂「不大好看」也就是不大「順眼」，使人不「喜歡」。在笑容中，那眼型是「不美」，在正容中，那眼便藏有「兇光」，也就是「兇相」了。甘氏的眼睛也可以分爲「型」與「光」兩種來說。說型，他是屬於「副三角型」；說光，他是「藏兇光」，兩種都是凶相，都是死於非命的相。

眼的三角型有兩種：一種是正三角型，一種是副三角型。正三角型的，要殺人，也要被殺；像北洋軍閥齊爕元，像前浙江省主席陳儀，都是正三角型的眼，所以他生前曾殺人，也終於被殺。副三角型不如正三角型那麽兇，他不殺人，但不能不被殺。至於兇光也有兩種：一種是「露兇光」，一種是「藏兇光」；其殺人與被殺，和三角型相同。

報上所刋登的美故總統甘廼廸的相片，要看得比較淸楚的，請找十一月二十四日的快報第三版所登的美國四個遇刺斃命的總統相片一看就可明白。從那張相片上可以看出他的眼睛上睫有角度，而眼中又藏有兇光。

又有人問我說，甘廼廸的眼有兇相那是不錯的，但他眼運已過，何以又會慘死呢？這是對于相術只知其一不知其二的說法。論一生行運，三十五起至四十歲止，這六年的行眼運是不錯的；但論壽命的長短不關係于眼，而關係於人中，耳垂和下頷。眼睛所主六年的行運，衹是表現「順」與「逆」的運途而已，而眼型和目光更有其重要的關係，如忠奸、智愚、善惡，以及善終或慘死，乃是關係一生的。

至於非命的慘死相，眼最爲主要。眼有兇相的，無論你壽到何年，難逃慘死。甘廼廸的相旣係「副三角型」，又是「藏兇光」，所以就難免於難了。至於他之所以不能長壽，那又關係於其他部份，而其體型面貌不夠「厚重」當然也是一種。就相片上可以指出的，那就是他的耳垂爲尖形、也太薄。

就眼相來說，眼眶宜大不宜小。甘迺廸的眼眶夠大，所以他的才智和魄力都過人。如果此眼沒有三角型和藏兇光的毛病的話，那就是最好的眼相了。

讀者如果對眼相有興趣的話，可找那天的報紙來看，美國以前其他三位慘死於遇刺的總統，第一個是一八六五年四月十一日被殺的林肯；第二個是一八八一年七月二日被殺的格菲爾德；第三個是一九〇一年九月六日被殺的麥堅利，三個總統都是眼睛太小，因爲相片太舊看不清，可能還有其他毛病。

眼睛關係一生幸福、性情、事業以及死生情況。這一主要的相局，古人早已發現。孟子也曾說過這樣的話：「存乎人者，莫良於眸子；眸子不能掩其惡，胸中正，則眸子瞭焉；胸中不正，則眸子眊焉；聽其言，觀其眸子，人焉廋哉！」

至於以前三位被殺的美總統何以都比甘迺廸總統能得較長的壽命，那就關係於耳垂了，那三個總統都有耳垂，而獨甘氏沒有耳垂。要學看相需要有科學的精神和方法，最好能有機會作出比較對照，那就很能得到具體的說明的，我們把那張四人相片印在一排取來一看，對於四位死於非命的總統，他的耳目的異同，就很容易看出來了。

再論到甘廼廸故總統夫人的芳容和體型，依上述的一般人根據通俗相術的看法也是不錯的。她的整個形象是「薄」—那是無疑的。所謂「紅顏多薄命」，女人命薄，最顯著的就是尅夫。依照片上所看到的相，夫人今後恐怕還有不如意的事，而她的壽命似乎也不會太長，除非她今後能有特別的積德。——她因此打擊，也很可能會加意積德的。

論人相，「福人」與「偉人」是兩種格局，雖然可以福人兼偉人，但就一般論，世上福人多，偉人少，偉人相局以「奇」爲主，而福人相局則以「厚」爲主，當三年前甘廼廸當選爲總統時，不少的人都說：「好奇怪，從他的相貌看來，不像有當總統的福氣！」這不像「有福」，而又「奇怪」地當起總統，便是有「奇」在其中了。通俗相術只能看福而不能看奇，因此千古有許多偉人在寒微之時就不容易被世人所發現，甚至常被世人所鄙視了。

人們因爲傳統地都把總統看爲福人，所以習慣地就以「厚重」的相貌認爲才是當總統的相貌。這觀點當然也不錯；因爲確然也有不少元首雖是「庸俗」的，却是「享福」的。至今世界各國的元首，還是多數「有福」的；而總理或首相才是「有能」的，但是不是眞正有福可享的人。

在這裡再談一談美國新總統詹森的相貌。我想，如果把一個鄉下佬帶到甘廼廸和詹森兩人面前，問他到底那一個有福，要他投有福的一票的話，無疑的，他是說詹森有福，他要投詹森一票的。因此，這也就是詹森今日能由副總統繼任爲總統的理由。甘廼廸的相是「奇」，而詹森的相是「厚」；依相格論，奇當然不如厚。因此，我可以說一句預言，如果明年美國大選，是尼克遜與詹森競選的話，詹森絕不至把白宮主人的權位移交給尼克遜的。

二：胡慶餘堂老板的奇命怪運

國內有兩家全國聞名的老藥舖：北京同仁堂、杭州胡慶餘堂。這兩家老藥舖都有百年以上的歷史，所製成藥，不特暢銷全國，即東南亞、日本、朝鮮，亦有銷路，至今未衰。

說起奇怪，這間以製成藥著名的胡慶餘堂，並不是由醫藥家創辦，而是由一個外行的人開設的。此人就是原始創辦人胡慶餘堂老板胡雪巖其人。此人一生怪命怪運，少年的時候算過兩次命，靈驗無比，一生禍福，絲毫不爽。

胡雪巖的名字，在一百多年前，可以說是與曾國藩左宗棠同樣聞名全國的；不過曾左二人是以貴名，而他則是以富名。

當時胡雪巖有「活財神」的綽號。他與胡適之博士同是安徽績溪胡氏。績溪是與浙江毗連，所以績溪人到浙江的湖州、金華和杭州經商而落籍的很多。胡雪巖自幼就到了杭州。稍住過杭州的人，除遊玩西湖外，在城裏若想玩園林，就不能不到胡家去玩了。

到過杭州的人，如果對中藥有信心或用過胡慶餘堂的藥的，也必定要去大井巷去看看胡慶餘堂的；因爲此人此店，名氣旣大，而傳說的故事更多。

據傳說，胡雪巖幼年雖然是個聰明的孩子，但在績溪時，却因家貧想跟他父親出外謀生。到那裏去呢，一點也沒有把握。於是他就去卜一卦。

卜卦先生就把卦象寫出：「東南大陸，必有財富」八字。解釋道：「你要向績溪的東南方去，有一個大地方，將來必能發財。」

他就問：「所謂大陸就是大地方嗎？是不是徽州？」因爲徽州，正在績溪的南面鄰縣，又是皖南的大都市。

但卜卦先生却說徽州是南方不是東南，若是東南的大地方，最近的只有浙江的建德或蘭谿、金華；較遠的便是杭州或寧波了；依卦象所示，當在安徽以外的地方。

因爲績溪胡氏，多是讀書之人，他就把這卦象的斷語拿去請教族中的老先生。老先生根據古書就解釋說：「『大陸曰阜』，又『土地高大名曰阜』，你要到有『阜』的地方才能發財。」

「阜？是不是『大阜』？」他立刻想起到這地方。

因爲在續繼東南向，屬徽州縣治的有一個大鎭叫做大阜。於是，他不久就去大阜預備在那裏謀事。

此時胡雪巖只是十五六歲的小孩子，最初是跟父親到大阜去的。

到了大阜父子兩人不能在一起做事，父親在一間雜貨店裏做夥計，而他自己却在一間經賣雜糧的牙行裏當學徒。這小孩自幼就很勤力而且活潑，人緣甚好，雜糧行中的人都很喜歡他。

大家都知道浙江金華是出產火腿名冠全國的地方，大規模的火腿行，大都自己開設豬場養豬，而一部分養豬料是由安徽大阜供應的，所以大阜常有金華來這裏採購雜糧豬料的商人。

有一次有一個金華商人來大阜辦貨，住在牙行裏臥病了幾天，很得胡雪巖這小學徒照顧茶湯，病好之後，就很想把他帶到金華去當學徒。

那時候胡雪巖的名字不是雪巖而是光墉。那金華客人姓蔣的，有一天就問他說：

「光墉，我想帶你去金華，你願意嗎？」

「金華？你眞的肯帶我去嗎？」胡雪巖喜出望外地說：「我一定去；但不知我有沒

有這福氣，金華是一個大地方呀，聽說那裏有很多發財的人！」

不久，那個姓蔣的再來大阜辦貨，就決定帶胡雪巖到金華去了，動身之前因爲他父親不能和他一去，而他滿心要到金華去，父親多少不放心，有一天就帶他去算命，看看到金華去是否順利。

算命的說：「他的命，利於向東行，止於有水的地方，將來必有奇緣，富比石崇」等語，於是兩父子不特放心了，而且更歡心了，這是胡雪巖十八歲時算的命。

到了金華不久，他第一次看見兩件奇怪的東西：一件是看來滿是塵垢汚濁的火腿；一件是杭州錢莊裏所發的錢票就是今日的鈔票。整個的火腿，現在到大南貨店裏都可以看見，而從前的錢票却看不到了。

從前大富人家可以開設錢莊，自發錢票和今日當舖裏所發的當票一樣，不過不是方形而是長條形，紙質也比較好些白些。票上先用藍色或綠色把錢莊的招牌印上，錢額多少不定，是由錢莊中專寫錢票的人用墨筆寫上去的，寫後又蓋上幾個紅印泥的圖章，刻有很精細的花紋，這圖章和字跡，是不容易假造的。胡雪巖看見了錢票之後才知道有所謂錢莊就是錢店。

他自幼在鄉下一直到大阜爲學徒，滿心在想，百物都有店舖，惟有錢沒有店舖，因爲錢是由官府鑄造的，民間不能鑄造；而現在呢，他竟然知道有錢的人也可以開錢店，而且要開多少錢額，只要在一張紙條上面愛寫多少千就寫多少千，這不比官府更好了嗎？於是，從那天起，他滿心想將來要開錢店，做錢店老板，便可以無限制地用錢了。當時他在金華寶元號火腿行中當學徒的。這寶元號和杭州幾家錢莊都有來往的。杭州錢莊大都放欵給金華火腿行做生意，常常派人來金華收賬。

胡雪巖一碰到杭州錢莊裏收賬的人住在行中的，他就向他們問長問短，查七查八，對於錢莊的事大有興趣，他知道錢莊裡有金庫，不特銅錢是用斗量，就是白銀錠和鷹洋（大洋錢）也是用斗量的。

在錢莊裏做學徒，每天就坐在那裏數銀錠、包大洋、串銅錢。於是他滿心憧憬並羨慕那錢莊的學徒，有福氣能夠眼看見手捫許多銀錢。

胡雪巖本是一個活潑勤力的孩子，他既羨慕錢莊的行業，每對杭州錢莊裏的人來店收賬住宿的，自然特別慇懃招待。有一個客人看見他活潑勤力，心中很中意他。剛好錢老板也囑他介紹學徒，於是他就對胡雪巖加以留意觀察，因爲錢莊學徒除活潑聰明勤力之外，更重要的則是老實，對錢財不有貪心，絲毫不苟才行。

這位錢莊收賬客人，來過金華火腿行住宿好幾次。他臨走時故意把錢遺落房中，胡雪巖收拾房間發現時，不是趕去門口還客，便是交給店中總管的人。因此胡雪巖就被這客人看中了，原來這家火腿行，是和杭州一家錢莊合資的，客人和火腿行的總管一說好，就決定把胡雪巖調到杭州去當學徒了。

胡雪巖前兩天得到這消息，歡喜得兩天吃不進，睡也不着，他心裏想，這一下我會眼見到並手摸到，我老祖宗以來，連聽都沒聽過的許多錢財了！

他由金華到杭州那天是夜裏，錢莊早就收店關門了。向例，銀莊怕賊刼，天還沒有黑，市上點燈以前就收店的。所以他到店時是從後門進店的，睡了一夜，第二天就被派到金庫裏去數錢。連數十幾天，他足不出戶，也不知杭州到底是個什麼世界。

同在金庫裏工作的還有三個年青人，兩個和他年紀差不多，一個稍長三四歲，說是今年剛出師了的，派在這裏指導並管理他們的。胡雪巖人緣好，沒有兩天和他們三人就很熟了，他們三人也對他很好，很交得來。

有一天，大約進店有二十天了，他就問他們：「西湖你們去過了沒有？離這裏多少遠？幾時可以帶我去看一看？我不是去玩，我只要看一看，知道什麽叫西湖就好了！」

「你想玩西湖嗎？」年紀大的那個師兄說：「再過十天，我會帶你去的；你不要心急，將來每逢初一十五，都有機會玩西湖的。」

「我並不急去，只是問問你們，不要過了十天就去，再過一兩個月都不遲。」

胡雪巖深怕他們笑他沒有坐功，數得不耐煩，靜極思動貪玩，所以這樣表示自己並不急去西湖。

「依我們這裏的規矩，新來的學徒，最少要足不出戶一個月，看看你的坐功如何，坐功好滿了一個月，就可以放你出去看街景、玩西湖；坐功不好，還要再坐多一個月；若再不好，就要請你回家了。」

另外一個小兄弟這樣對他解釋本店的規矩。胡雪巖聽了就說：「那末，這樣看來，過了十天，我還不一定可以出去看看的。」

「剛剛張師兄已答應你了，大約他已看準了你的坐功可以了的。」

「我們這裏是浙江全省最大的錢莊，所以規矩大，名譽（待遇）也好。」另一個小兄弟說：「走出去，說是在茂康錢莊做事，向人借錢都是好借的！」

「茂康？我們這裏的招牌叫做茂康嗎？」

因爲胡雪巖是安徽人，滿嘴皖南口音，而他們幾個小兄弟却是地道的杭州土音，於是他們說的「茂」字彼此不諧音，有個小兄弟就起來取了一張本店的錢票給他看。

他一看，楞住了半天，突然指着錢票上的招牌字說：「這『阜康』就是我們這錢莊的招牌嗎？」

他一時歡喜得連眼淚都流出來了。小兄弟們都莫名其妙，而獨他自己心中在囘憶那族中老先生曾說道：你要到有『阜』的地方才能發財！」

從此後，胡雪巖對於學徒本份之事，加倍勤力，不分晝夜，事無輕重，只要自己見到，能做就做。於是大得阜康老板的歡心，認爲孺子可教，値得栽培。

但在阜康老板心中所謂「可教」「栽培」，並不是把他送去讀書學科舉，而是想把他教導成材，慢慢使他由「出店」升爲「掌盤」，那就是一個學徒出身登上皇帝的寶座了。

胡雪巖入店不久，店中上下人等都對他有好感。老板也從他們中間聽到他在安徽鄉下時卜卦以及後來在大阜算命的事。好容易四年的時間過去了，胡雪巖進入第五年學徒亦即最後的一年，阜康老板爲要安排他明年出師担任「出店」職務，就叫他在這最後學徒的一年派充「跑街」工作。由於他腦筋清楚，手頭輕快，跑街只做半年，還沒有出師就代理「出店」職務。

跑街只是送送賬單貨物，不能經手銀錢，而出店職務就不做送貨之事，專門接洽生意來往和經手錢銀的。一個銀莊的出店，就等於今日公司裏的營業主任。

店中人員看見胡雪巖還沒有出師，就代理出店職務莫不奇怪。後來查明，原來阜康錢莊老板曾替他算過一次命，命中註定今年有官星又有財星，所以非把他破例高陞不可。「做生意，靠運氣。」這是中國商場上甚至已成了普通的成語。做生意的人，尤其是從前開錢莊的人特別相信命運。

據說，命中沒有「財庫」的人，不能在錢莊裏當出店。所以阜康老板對於快要出師的學徒，必定把他們的八字拿去算一算，命中有財庫的，就預備將來派充出店；命中沒有財庫的，就預備把他派充跑街。這辦法是錢莊主人所必須遵守的。

就財庫論，命中的財庫有「明庫」和「暗庫」兩種，「錢財宜藏不宜露」，當然暗庫比明庫更好。據說阜康老板把胡雪巖八字一算，大為驚異。

原來胡雪巖的八字有一個明庫，兩個暗庫。照錢莊用人的老迷信也是老規矩，命中有明庫的人可當出店，而有暗庫的則要當「掌盤」。掌盤的意義大概是「掌握全盤」或是由「掌理算盤」演變而成的名詞，其職位等於今日商場上的總經理職位了。

阜康老板看見胡雪巖命中有一個明庫，兩個暗庫，大爲驚奇，認爲胡雪巖這小子將來的財運前程無限，將成鉅富無疑。

阜康錢莊老板既看淸了胡雪巖的八字，就想把他於短時間內，經過「跑街」和「出店」的經歷，就升任「掌盤」的。而胡雪巖自己呢，因爲從前算命曾說「他的命利於向東行，止於有水的地方，將來必有奇緣，富比石崇」等語，因此，他雄心萬丈，希望能依命運的註定，在這有西湖「止水」的杭州，又有「阜」字的阜康錢莊裏，學成理財之道，將來自己當老板經營更可大發財事業的，年青人此種思想也是平常的事。

在商場上，由出店升爲掌盤的不是容易的事。因爲一間商行或錢莊，都有好幾個出店，而掌盤只有一人；而且掌盤必須是老板的親信，八字中還要有「暗庫」的才行，胡雪巖當了兩年出店之後，老板有意叫他當掌盤，因爲原有的掌盤年紀稍老了一些，但胡雪巖却不願意當掌盤，他對老板說，錢莊的生意全靠出店交際招攬，掌盤坐店看家固然重要，却不如留他當出店，對店中的生意擴張更爲有利。

他說，他只願當出店，兼任「二手」（即帮理掌盤），等到老掌盤出缺時再說，老板也認爲有理，也就依他了。

其實胡雪巖的不任掌盤，是有抱負有眼光的爲自己前程打算的，因爲一當了掌盤，雖然薪水高，分紅厚，但因坐定在店中，不能在商場和各方接觸。他是打算利用這出店職務，運用他的交際本領，立下杭州商場的人面市面基礎，將來一有奇緣，就不難「富比石崇」了。（石崇是晉朝人，累官荆州刺史，使客航海經商致富，自置金谷別墅，奢靡非常，後因罪被殺）。胡雪巖滿心只想此時學自己的本領，帮老板的大忙，但不想一輩子做阜康的夥計的。

說也奇怪，從前算命的說胡雪巖某年有「奇緣」的乃說某年有奇緣得財的意思，到了廿七歲那年，也就兼任「二手」之年，他記起這年就是從前算命說他「奇緣得財」之年，他想，自己還是一個年青人，也只是阜康的夥計，做出店那裡會有什麼得財的奇緣呢？難道所謂「奇緣得財」，就是兼任「掌盤二手」嗎？如果是這樣，那末所謂「富比石崇」就靠不住了。正在疑猜之際，怪事來了，阜康錢莊老板有一天突然生病，病情奇怪，一天沉重一天。

有一天他把老掌盤和胡雪巖叫到床前，詳問店中內外大大小小的事情。

奇怪的是，胡雪巖是十九歲那年近年關才到阜康錢莊做學徒的；今年二十七歲，也還不過只八年的時間，出師也不過三年。但當老板問到的事，他並無一事不能答得出來。由於阜康生意做得很大，諸如湖州、金華、寧波、温州等大埠頭，都有來往的舖家和客戶，而其中最重要的還有各種的投資生意，因此，他不特能夠問得出，答得出；有許多事業上重要的事，老板自己和掌盤都忘記了或記不清楚的，而他却能明如指掌，若數家珍，使老板和老掌盤讚嘆不已。

想來大概也因爲此事吧，不久當阜康老板病篤彌留之際，因他自己命中有財無子，便立下遺囑，把阜康全部財產贈與胡雪巖了。「二十七歲奇緣得財」。算命的話至此完全應驗了。

當阜康老板立下遺囑，在戚友店員環侍之前將遺囑公開時，胡雪巖也侍立床前。他對胡雪巖最後的遺囑只說這樣一句話：「你命中有好也有壞，願你今後能多做好事，多積陰德！希望你能學我，不要像石崇！」

從此後，胡雪巖以一個二十七歲的青年，成爲杭州有數錢莊阜康的主人，同時也是杭州有名的富翁了。（有一說，阜康老板無子只有一女，胡雪巖是被招爲贅婿的）由於他是本店學徒出身，又曾經「跑街」，「出店」步步高陞做了「掌盤」的「二手」，所以對於店中之事，事無大小，他都極其瞭然，而且處理有方。加以他的交際手腕靈活，腦筋清楚，記性又强，所以阜康的生意便蒸蒸日上了。

錢莊的生意漸漸擴充了，胡雪巖的生活也漸漸自然而然地奢侈起來了。他似乎對於發財之事更有所奢望。因爲算命的說他要「富比石崇」。

起初他祇知道這「石崇」是一個古代的有名富翁；但不知石崇的奢侈生活。後來他查知石崇是晉朝的一個怎樣的人了。所以他還沒有富比石崇之時，而喜歡交際，嫖娼宿妓，生活濶綽，享受淫樂之事却比先石崇了。

胡雪巖是一個很聰明人，他在得意中時常想起老板臨終時的最後一句遺言，說他的命中「有好有壞」，要他「多積陰德」；又要他學老板「不要像石崇」。他不相信。因爲以前算命並沒有說他命中有「壞」的。他認爲二十七歲的奇緣得財的奇命怪運既然應靈了，以後的「富比石崇」也必會實現的。

三：左宗棠做官活財神自殺

清朝曾國藩和左宗棠兩個名字常被連在一起稱爲「曾左」的，政治上的兩大人物，一般人是知道的，左宗棠當咸豐年間洪秀全和楊秀清軍興時，以四品京堂統軍，轉戰於浙江福建等省，累官至總督，軍機在握，權勢磅礴，不可一世，當時閩浙兩省的政客、文人、富商甚至市儈之流，莫不奔走其麾下，以結識左公爲榮。當然，政客文人等是爲名，而富商市儈等則無非爲利，各有所圖，也各有所得。

軍機上最重要的事莫過於兵餉與軍糧兩項，都需要地方的供應與周轉的，於是，此時誰能對此二事爲力的，便爲總督左宗棠所最賞識的，而其中也最有名利可圖。此時閩浙兩省營緣鑽逐的人極多，而能得心應手，紅極一時的只有一人。此人不用讀書，也不用文名，就是一個由錢莊學徒出身的杭州阜康錢莊老板胡雪巖其人。

胡雪巖自被阜康錢莊開創人看中了他的學徒成就也看中了他的八字結果，空手接受阜康的全部遺產之後，他便以新老板的姿態活躍於杭州市場，除錢莊外更經營茶業絲業作爲游資的去處。

當左宗棠統軍駐節杭州的時候，他想乘時而起，向這方面活動。最初他的活動的目的有二：第一是如果能夠交上左宗棠，他的名氣在浙江全省的商場上就大起來了；第二是，如果能夠取得軍糧和兵餉的周轉生意，從中取利當然大有可觀。此時他記起從前算命的說他二十七歲「奇緣得財」之後，不斷而有奇緣得財的命運，使他「富比石崇」。他想起石崇不止鉅富，而且是「顯貴」；因而他就如果能夠交上左宗棠，或者也可以變爲顯貴的。

有一天，他偷偷地和店中的一個親信的出店，走去當時杭州有名的瞎子算命處去算命，他要問問看，對於左宗棠方面是否可以活動，是否有名有利可圖。瞎子算命的那天說了幾件事：

第一、說他一生最好的運氣和最大的財運就是此際，不可失去良機，說這是千載一時的機會，財源之來，不止一寸光陰一寸金。

第二、說他這好運氣和大財運過後，却有一個大難關，破財破產，甚至有性命之危。

第三、說他將來要死兩次，而且可能是死於非命。所以算命的勸他當此走運發財之時，要多行善事，不可單單圖利，希望能夠積德消災。

於是，阜康錢莊老板胡雪巖便決心向左宗棠方面投資，最初他利用錢莊的錢票信用，取得兌換官銀的專利，兵餉一部分以阜康的錢票發餉，進而就承受採辦軍糧軍需等的特權了。

這一下還不夠，等到他接近了左宗棠，用其營利所得的一部分，却暗中奉獻給左宗棠，從此就交上了這位軍政大權在握的總督，而其財運亨通，就無可限量了。

之後，他又長袖善舞，擘劃經營，既兼辦絲茶，壟斷市場，又向左宗棠獻策，借貸洋款，充實軍費；由於他向左宗棠打通了營私的路道，借洋款之事，數額巨大，扣頭可觀，所以只在一兩年短短期間內，胡雪巖的財富和地位，扶搖直上，成爲當時世上聞名的大富豪，每當他出入總督府時，總督府中人，竟指他爲「活財神」的。杭州甚至浙江各地，也有人把他的名字寫在財神爺牌上一同供奉的。

說也奇怪，胡雪巖既成豪富，何以又去開自己所外行的胡慶餘堂藥材店呢？這其中却另有道理，當年因洪楊之亂，左宗棠統軍江南，轉戰閩浙，兵民死亡慘重，所以癘疫盛行。所謂「兵燹之後，必有癘疫，癘疫之禍，甚於兵燹。」因胡雪巖記起瞎子算命曾勸他宜多行善事，俾可積德消災，自己將來冀可免於死于非命之痛。

因此就發動仁心，便出資邀請杭州有名的幾位中醫師，合力商量處方配製平服水土以及避疫囘生良藥。當時曾製成「紅靈丹」、「闢瘟丹」、「諸葛行軍散」等良藥，送呈曾國藩左宗棠軍中應用。此等成藥，確爲暑天行軍的靈藥，因爲配製地道藥材，成份精純，頗著奇效，因而外界人士也樂用此藥，或購贈送慈善機關分發，或購轉售外省，銷路擴大，竟然成爲全國性著名良藥了。

這位活財神，原來要爲自己積德消災而製藥贈送，到此時因見銷路日廣，又是生財之道，便于一八七四年，在杭州直吉祥巷九間頭開設胡慶餘堂藥舖，一方面廣徵古方，製成丸散丹膏，又利用西湖水製造藥膠多種，接着又開闢畜鹿塲，備製「全鹿丸」；更製花露、香油、虎骨木瓜酒等，應有盡有，由於胡雪巖此人頭腦靈活，商塲眼光銳敏，不久又在城隍山下大井巷中別開舖面，佔地八畝之大。

同時又把這間舖面建築宮殿式，規模宏大非常。當時他的戚友都不明白胡雪巖何以要這樣做；因爲那地方並非通衢大道，平時少人行走該處。

到了開業不久，春天一到，由於城隍山上頗有出名寺院，杭州及各地善男信女要到城隍山去的，大井巷必經之路，一面香客們大都帶有零錢，回頭時每喜帶些所謂「平安藥」回家；一面由於宮殿式的建築，又藉此作爲廣告，吸引不少了因來看宮殿式店舖的新顧客。杭州胡慶餘堂原來是這樣開創起來，又這樣發了財的。

不過，胡慶餘堂由於開始時是爲着行善積德，精製成藥，所以後來仍能本此宗旨經營生意。

店中懸有「戒欺」兩字的扁額，各藥也在包裝上附有如下的宣傳文字：「凡百貿易均着不得欺字，藥業關係性命，尤爲萬不可欺。余存心濟世，誓不以劣品弋取厚利。惟願諸君心余之心，採辦務眞，修製務精，不致欺余以欺世人，是則造福冥冥，謂諸君之善爲余謀可也，謂諸君之善自爲謀也亦可。」

這篇宣傳文字乃對店中採藥材和配製成藥的人說的，胡雪巖對於製藥，也確乎有此善心，乃使胡慶餘堂得有今日。

所可惜的，胡雪巖個人生活竟然和當年石崇有相彷彿，甚至有過而無不及的揮霍奢侈。他建築宅第園囿，所置松石花木，備極奇珍貴重；而姬妾成羣，金屋藏嬌，竟亦仕有十三樓之多。因而好景不常，泰極否來，不久因囤積絲綢失敗，致虧損軍需。當時胡以半官半商姿態經營絲業，一面兼任左宗棠麾下的軍需採辦職務。於是被戶部尙書閻敬銘劾奏，請褫職追究。

事發後胡因令名掃地而又商業失敗，羞憤交集，便思自殺了結，自殺的方法決定呑食鴉片烟。此時胡雪巖想起瞎子算命說過的話，說他這好運程大財氣過後，却有一個大難關，破財破產，且有性命之危。此事今日應驗了。

他自己萬想不到，以一個舉世聞名的「活財神」竟以自殺下場，這未免命定得太奇妙了。因而他又想起算命的說他將來又要死兩次。

他想，怎樣一個人會有死兩次的情形呢？莫不是自殺不死之後，又被判處刑或被囚死於獄中嗎？於是他越想越害怕了。結果呢，他決定呑食鴉片自殺，遺書都寫好了，不知爲了什麽，竟然自殺不成。

一個人的命運實在是一件奇妙的事。像胡雪巖那樣豪富到被稱爲活財神，而又交上當朝大臣的左宗棠，且有官銜的人，竟然文字連通順都不夠。這當然也無怪，因爲他是自幼當學徒出身的。

從前上海申報副刊登載過關於胡慶餘堂老板胡雪巖的故事的，曾刊出胡生前決定自殺時所留下的兩封遺書，現在把它附錄於此，亦足以窺一個怪人的遺事。

遺書中有下面的語氣和不通的文句：「叩稟不忠不孝不仁不義之人，光墉（是胡的本名）因萬不能爲人，則得尋短見，吃烟而死，但吃烟者必得等心口冷，方可落材，如心口不冷，萬不可落材，恐要活轉來，拜托。」這明顯的是他怕要死兩次的表現。他怕吞烟時死一次，落棺之後轉活過來又被窒息再死一次。

信上又云：「墉做絲生意虧本，累及公欵，又累私賬，又苦多少親友，尚有平日所靠墉吃飯者不少，眞害大衆。墉在日有洋陸佰元，將來冬至後，托周曉江、戚俊源二位仁兄。其洋四百元，做墳之用，必得年前落葬，年內無日可用，則好開年，愈早愈好，入土爲安。墉同周戚二公，三四十年交情，拜托照墉之意而做。其洋三百元周曉翁，三百元戚俊兄，二位共六百元，華表墳上不用，此物不果後人好看，墉如此下場，要好看何用？費神實脫，恐墳上不敷，將華表以備不敷之用。此事如能照墉之意而做，墉在九泉，感恩無淺，一位保祐長壽多孫，一位得位貴子。墉之妻，恐不能久活，如死，拜求一同葬也。」

從這信可以看出當時他想吞烟自殺確係實情。有的說他是吞烟死的；又有一說是言他當日吞烟不死，直到月餘日後，十一月初一日，因貧病交迫而死的。這也可算是死兩次了。

有人說，胡雪巖之所以不至死於非命，確與積善有關，此人雖然奢侈荒唐，在當時斥資配製避疫丹、諸葛行軍散贈送軍中，散發行軍經過的鄉閭，總算活人不少。

胡雪巖死後，有人根據他生前所說的關於命運之事，從在安徽績溪鄉下卜卦起，之後在大阜算命，到杭州後阜康前大老板替他算命，最後他自己去請瞎子替他算命，一一都完全應驗。

這故事不特屢見報端，也是杭州人至今還在樂道的事。

四‧多話多洩氣話多財不多

看相之事，好像很簡單，因爲有具體相貌可看。其實，其中淺深虛實，大不容易。一般人所謂看相，大抵是指看「部位」說的；就是在面部上的五官等各部位形狀和各部配合的吉凶說的。進一層比較難一點的，就是看「氣色」，是觀察面部五色呈現的深淺的，再進一步是看「像形」，是判定其形象屬於五行的那一種、那一格。最後最高級的則是看「元神」，是觀察「形上」的東西，也就是最基本的東西，即所謂「神韻」和「氣質」問題。

單就所謂善觀「氣色」一事來說，「氣」是一種東西，「色」又是一種東西。再就「氣」一事言，最簡單也有「表氣」與「內氣」之別，所謂「氣色」，乃指表氣說的；所謂「洩氣」則指內氣說的。凡氣皆從內發，所以內氣乃根本的東西，內氣不足，外氣便隨之散敗了。

上海有個知名之士朱大可（去世不久），乃春申新聞界教育界的聞人。有一天他來看我，坐談不久，朋友江千里也來訪。江千里是從北平剛到上海沒有好久，他頗精於相術。我和他們介紹一下，他們倆也交談了一會。朱大可先來先走。

走後江千里對我說：「這位朱先生，是否曾經小富貴，而今一名士？」

我就笑對他說：「千里好談相，半靈半不靈。」

他問：「何謂半靈半不靈？」

我答：「而今一名士，靈；曾經小富貴，不靈了。」

我說：「此君一介貧儒。」

「貧儒？」江千里疑異地說：「那必定是當了教員害了他了！」

那時候，朱大可正在上海私立正始中學當國文教員，這一點倒已被江千里斷準了；但為什麼當教員會害了他變為貧儒呢？其實當時正始中學的薪酬比其他中學都優厚，雖說是貧儒。却並不是眞貧，過的也是中等的生活。

因此我就問：「為什麼當了教員就害了他變為貧窮呢？」

江千里回答：「依朱先生那樣相貌看，他如果不當教員，大富貴沒有，小富貴却是穩有的；因為當了教員，天天在講台上講書說話，而且說的不是於己有利而是於人有利的話，所以這是最嚴重『洩氣』的一種，他的一生財氣便從這裏洩得乾乾淨淨了。如果他能夠在十五年前不教書，去做別的，不用天天講書說話那麽多的事，他早就發了小財的。」

當時我聽了江千里的話，一想，這多說話、洩氣、不發財，確有道理。因爲我去回憶一下我所有當教員的朋友，沒有一個發過小財的；倒是在學校裏當訓育主任、教員和庶務員的，薪水雖然比教員更少，却有發小財其人的。這就明明不是職業性質問題，而是多說話洩氣問題了。

我進一步回憶過去幾位有錢的親戚朋友，確然他們也都是平日很少說閑話的。他們除做生意關於自己本身有利的事和人接談之外，並沒有多說話，可以說他們都是「寡言」的人，而且說話時也大都是輕聲細語，並不急躁，於是我就問江千里：「多說話不發財，確有道理；但少說話是否就可以因不洩氣而發財呢？如果能夠的話，我明年就決定不再教書了，你看，我不教書的話，可能發財嗎？」

「多說話，無論如何總是洩氣的；不過，洩氣有兩種：一種是洩『元氣』，一種是洩『財氣』。洩元氣，會減少壽元和子媳；洩財氣，會阻塞財運或漏財。」

江千里又解釋說：「因為財為養命之物，而財又需要用氣力才能獲得；所以多說話的人必先洩財氣，同時，一個通常的人，大都不能兼財壽兩全；所以有財氣的人，因多說話便先洩其財氣；沒有財氣的人，便要傷害他的壽元或子媳了。」

這話確然也有很多的事實可以證明。農夫工人平日不多說話的人，多半不是多子便是長壽，而教育界中人，多半不能長壽也不多子。

這就相術上是這樣解釋「洩氣」的道理；若就生理和常理上言，人的心力和體力總是有限的，多說話，既用心力又用體力，當然對於身心有損害了。古人之所以警戒「多言」，稱許「寡言」，除道德上的理由外，在相術上原有此種關係，為世人所不知，實是可惜。

過了幾天，因為江千里和朱大可評相之事傳出去了，朱大可的朋友和同事都要請江千里看看相。其中有兩個人，一個姓陳，一個姓張，江千里說他倆如果能夠不教書，一年後就可看見財氣的來臨，如是他倆，一個轉去商務印書館做事，一個轉去市政府教育局做事，當時地位不高，薪水也不大；但是，一年之後，他們兩人竟然有機會合作一種生意，是關學校用品印刷和發售之事，只有三年的時間，朋友也都說他倆已經發財了。

五：美人常作妓美中有至醜

記得有一年暮春時節，我在北京參加過一次貴人的宴會。那是吳佩孚的生日，地點就在什錦花園十號吳宅。因爲我有幾位朋友和親戚是在北洋政府中做事，也都是司長、局長、處長以上階級的，所以他們有資格參加，也有面子介紹我們另幾個平日研究命相的朋友一道去。我們去的目的，不在乎應酬，而在乎找機會獵奇看相。

那天當然客人很多，而女客尤其像花園裏的落英繽紛，美不勝收。我們中間，多半只在街頭看見吳佩孚戎裝的相片，而從來沒有看見過吳佩孚本人的，吳氏平日在家裏都是着中裝，那天也只是藍袍黑褂而已，吳佩孚本人都沒有見過，吳佩孚夫人，當更談不上看見過的。於是我們一到了什錦花園吳宅，最初當是希望先看到吳氏兩夫婦。

想不到在當年北洋軍閥時代紅極一時的吳佩孚，雖然那時候他已不是什麽「大帥」了；然而「人在人情在」，照樣有人替他擺駕子，張威風，排場之盛，仍然十足大貴之家，官府之風。一般來客只能在頭廳向大壽字賀喜之後被招待於前花廳，根本就不能進入內花廳，當然看不到吳氏夫婦的本人了。

一切由招待員辦理，而大多數的人也大都以此爲滿足了。「侯門深似海」！我們那天總算幸運地進入侯門，雖然像一堆雜草木屑，僅僅浮在海面。

一會我們中間有個譚先生對我們說：「西廂房裏有個中年稍胖，而膚色也稍黑的女人，請你們去看看她的相格如何？」

起初我們以爲是一個頗夠漂亮的女人，原來只是一個極平凡的女人。看了之後我們又囘來東廂房。

「好相格，一品夫人。」姓柯的老先生翹起大拇指如是說。

又一個袁先生說：「今天如果能進去內客廳的話，像這樣的一品夫人的相格一定會看到不少的。」

「不見得如此，」柯老先生又說：「一品格還有三格，這位夫人雖不到上上，却已是上中以上的上格了，不可和其他不全的一品格同樣評論的。」

「柯先生說得不錯，他的一品貴在全局調和，並無欠缺，最好的還是鼻隆、顴豐、頷重，步穩而聲音又温和。」譚先生又繼續說：「你們猜猜她是誰？她是本宅主婦的大帥夫人呀！」

「有相，有相，的確與衆不同！」大家都如此讚嘆。

一會，我們得一位張處長太太的引導，進入了內廳。因爲譚先生曾替這位張處長太太看過相，她知道我們希望進入內花廳看看太太的相；因爲貴夫人們的相是不容易在此種局面，能於她們不注意時看得淸楚。

張太太又對我們約好條件，說是等下她要我們機密看三個太太的相，要我們特別的精細，等明天再告訴她，看是否看得準。內客廳一共五間，大多數都是太太們在那裏搓麻雀的。或站或坐於桌邊看牌的也不少。

於是我們就利用這局面進行獵奇看相了。當然我們暗下約好，如有奇相的，就彼此通知一同看過；如有疑點的，也請大家一看，共同研討，約好之後，大家就分開去尋找對象。那天我們獵奇的心中是找尋「奇相」和「貴相」，平常的不看，因爲那天對象儘多，當然不必去看那平常的，而奇貴的也當然多數。

最初我們發現有六位女人，都應該淪落妓女，但當時却有一品夫人之尊。又發現在更多個也是妓女出身的，但沒有夫人相格，只是「如夫人」的相格。也發現有五個，現在雖然是如夫人，而又不久又要淪爲娼妓的。

當然其中也發現有曾經再嫁的，也有將要再嫁的；也當然免不了有淫亂的，甚至有毒殺親夫的。那天我們集體的收穫，眞是應有盡有，美不勝收，可謂集美人相格的大成了。

那位張處長太太，當然也在我們所獵奇的之列。我們一共四個人，約好每人負責獵奇最多十名奇貴相格，因爲再多了恐怕記不清楚。

我們先看了大體之後，把她們分爲八類；自幼生來就是貴格的爲第一類；先充妓女現爲夫人的第二類；永遠是如夫人的爲第三類；曾經再嫁的爲第四類；將要再嫁的爲第五類，淫亂及其他的爲第六類；有子的爲第七類；無子的爲第八類。

我們四個，每人又負責兩類，分頭設法把她們的姓氏，所坐的牌桌座位，以及儘可能將她們的年齡、面容或裝飾上的特徵記下來，以備查詢之用。

我們那天初步得一個好奇妙的結論，在四十位濶太太之中，竟然有三十一位是曾經當過妓女的，當時我們先把她們斷爲出身娼妓之後，要急證實，就由譚先生負責去請問那幾位張處長太太，因爲她本人就是妓女出身，必會熟悉她們情形。

把這事去向張處長太太打聽，還有一個更好的理由；因爲她一則是個心直口快的人；二則她本身既係妓女出身，就不會替她們掩飾。果然我們這計劃大大成功，譚先生從她的口中，都把我們所斷定爲妓女出身的三十一個都證實了。

同時，這三十一位太太中，也的確都可以夠稱美人資格的。因此，就這一事實言，我們當時得出一個結論是「美人常作妓」！這結論實在夠奇妙，夠刺激的。

第二步，我們不能不進一層研究它的理由。就是美人本是好相貌的，雖然美貌不一定就是福相，但不是惡相、貧相，那是無疑的。既然不是惡相的女人，何以又淪爲娼妓呢？我們從各方面觀察推論的結果，又得出第二個結論，那就是「美中有至醜」的事實。所謂「美中至醜」，就是平常的所謂「破相」。

比如，面貌很姣好的，而其聲音如破鑼；體態很婀娜的，而其走路如男人；臉容顏色很白潔的，而其身體肉色不潔白；又如手軟無骨，肉軟如綿，髮粗如草，皮糙如沙之類，都是美貌破相，三十一人中，都是此種情形。

更有明顯的一件事，就是凡當妓女的，額相必不佳，不是太低，便是太狹，不是凹凸不平，便是左右傾斜；而大都髮際參差不齊、天倉陷、印堂窄，這理由很明顯，因爲由十六歲至二十歲是行額運，旣淪落爲妓女，額相必定不佳無疑。不過，其中也有早年脫去惡運的，也就是在二十幾歲時就「從良」嫁人了的，顯然在額上也可以看出來的。

張處長太太那天叫我們替她看三個女人，依我們那天共同的看法斷定，有一個是人家的小妾，正在淫亂偷人之中的；有一個年紀輕輕才有三十多歲左右的，却是無子的相的；還有一個是已嫁過的，而且還要再嫁的。

我們依張太太所說的三位：一個是齊太太，一個是潘太太，一個是凌太太，都把她記下，也把她們的大體寫上，準備第二天給張太太一看的。

第二天譚先生和張太太見了面。她說，那個年輕無子的，因經協和醫生看過不能生育，他的丈夫準備再娶姨太太。那個已嫁過丈夫的是凌太太，正和他丈夫辦分居手續。至於那位淫亂的，她的奸夫原來就是張處長本人。怪嗎？

六：醜女嫁貴夫醜中有大美

相術上所謂美和俗眼上所謂美，雖然有一部分是相同，而另一部則完全相反，其中尤其是女人的相，美與醜的觀念和觀點時常衝突。

比如說，美人之美，自古都以「肉軟如棉」和「千嬌百媚」為至美；而在相理上這却是女人最「淫賤」之相。所以若依俗眼之美醜而定貴賤，那就會大錯特錯的。當然其中也有相同的，比如端莊、嫻靜、華貴、明媚之類，在相術上是美也是貴。

就婚姻一事說，我們似乎都有一種發現：女人居人妻子地位的，也就是所謂「元配」的，大都是不美的；而居人妾地位的，也就是「側室」的，大都是美麗的。

這固然與「娶妻取德，娶妾取色」的人之常情和世之風習有關係；但不僅僅關係於此，而「紅顏薄命」和「風流缺德」却也是女人作妾本身的因素。妾侍中，極大多數是具有「色相美」的女人，而在舊時代裏，則多係出身青樓，風塵中人。

事實上先有了娼妓，先有路柳牆花之流，然後才有尋花問柳之事，娶妓為妾之實。

這明顯的，女人必先有娼妓之相，淪爲娼妓，而後又被選爲妾。

因爲娼妓需要色相美，而男人尤其是娶妾的男人，亦以色相美爲唯一條件，便造成了色相美，便是作妾「賤格」的事實了。

色相美是賤相不是貴相，不只是舊時代如此，即新時代的今日亦復如此。一生若干嫁的，未嫁而多夫的，凡是不能作爲元配的，或作元配而又琵琶別調的，不都是今日電影、歌舞女明星們的事嗎？她們的「紅顏」、「風流」、「缺德」和「薄命」等等，誰說不是命定的連在一起嗎？

相反的情形，我們也似乎發現，凡是做人的元配，甚至貴居一品夫人的，大都不是「色相美」的女人，而是「相格美」的女人。因爲相格美不是一般人之所能看得到，所以在表面上所看到的，大都不美甚至是醜陋的女人。

我們幾個研究相術的朋友，那次在吳佩孚公館中所發現的，除上述的「美人常作妓，美中有至醜」外，又發現「醜女嫁貴人，醜中有大美」的事實。那天我們除在吳公館的內客廳看了約四十個的濶太太相貌之後，又看了二十多位我們後來把她們定爲「一級」太太的貴相的，便發現了這條道理的。

當我們看完她們的相貌之後，退到外客廳去作一個統計時，不禁發覺一個奇怪的事實「爲什麽今天來吳公館祝壽的濶太太們，大多數是出身妓女呢？絕不會是她們的丈夫都只配娶妓女爲妻的；那末，他們的元配到那裏去了？」

於是我就派譚先生去請教那位張處長太太。譚先生怕得罪這位也是妓女出身的張太太，就婉轉地問：「今天女客的夫人們都在這裏了嗎？」

想不到張太太低聲幽幽地答道：「這裏大都是美夫人，還有一班醜夫人在後面。」原來後面還有一間眞正所謂「內客廳」，是吳佩孚夫人專用招待女客的客廳，吳公館中人叫作「夫人廳」，因爲吳佩孚的帥夫人是元配，她平日極重視元配的地位，所以那天把元配夫人都招待到這夫人廳去，而把非元配的，出身妓女的，招待於內客廳，把我們無名小卒的男客則招待於外客廳。

我們既然發現了還有一個夫人廳，而且「醜夫人」是在裏面，當然不能放過這機會，好在譚先生也會看陽宅的風水，就托由一位前總統曹錕的親戚，介紹給帥夫人，說我們四人都是喜歡研究風水的，剛才看了公館的風水，甚爲得意，希望能看到全宅廳堂門戶，請求帥夫人讓我們進入夫人廳看看。

帥夫人一聽見是看看本宅的風水，便一聲：「好的，請隨便！」我們就奉旨特准進去了。

事先我們心中已經明白，張太太口中的「醜夫人」是罵人的話，因爲她自己不是元配夫人，所以把元配夫人加上一個「醜」字了。在妓女出身的如夫人心目中的大太太，不是老，便是醜；不是醜，便是兇；也可能又老又醜又兇，所以統稱之曰「醜夫人」；而其實就是「正夫人」。

譚先生一進到內客廳，先向裏面也正在打牌的二十多位的「一級」夫人掃了幾眼；目的在企圖發現一兩個熟人，好和她們打招呼，才能有機會和她們接觸談談，果然發現了兩位前總長的夫人。北京地方官僚氣十足，稱呼貴夫人不是「太太」而是「夫人」。於是譚先生一聲「劉夫人」，又一聲「陳夫人」，馬上搭上了內線，把我們三個人介紹了之後，便去夫人廳停留下來了，事實上，吳佩孚夫人只是准我們進內客廳，她忙她的，也不管我們到底是看本宅的風水呢，還是看醜夫人的相貌呢。

那天在吳佩孚夫人私人專用的「夫人廳」裏面，打牌和閑坐的共有二十多位女人，除了幾位年紀稍老的外，我們後來能査得明白她們的身份的，共有二十四位。這二十四位正牌夫人，平均年齡約在四十五歲以上，當然都是「已老」的徐娘，往日縱有風韻也淡而無存了。

再加以她們的裝飾也大都是「十足老式」而非「摩登入時」，顯然與內客廳的太太們大不相同了。若以「色相美」來說，內客廳的如夫人們可得甲等，而夫人廳裏的正夫人們就只得丙等了。

但是，他們一個個偏是出身書香世代，或是閥閱之家，或是名門閨秀，絕無墮落風塵的惡跡。她們個個也都是洞房花燭的結髮夫人，從一而終，也絕無「出牆紅杏」或「琵琶別調」之事。這就顯然她們高貴得多了。

在一般人看來，似乎只有兩種分別：「在名分上，一種是大太太，一種是二太太；在面貌上，一種是醜陋太太，一種是美貌太太，但在我們相術看來却不是這個問題了。

其中有幾位部長、省長和軍長的太太，完全是鄉下女人，有的連字也不識的。但她們却有高貴的相格。明顯的有貴與賤，和厚與薄之別。

女人的相貌最怕「美中有醜」，那就屬於「破相」之列；而「醜中有美」，便成貴相了。那二十四位太太中，有半數雖然不夠說得上具有色相美，却也具有「端莊」美的。其餘半數的確夠得上被稱爲「醜夫人」的。其中有的「滿天星斗」的大麻臉；有的旣駝背又拐脚；有的完完全全是個無知村婦。但是，她們却都有堪稱爲醜中「大美」的相局。

比如那位大麻臉的闞夫人，一隻鼻子和眉目非常明亮淸秀，誰看見了她，誰都會把注意力集中於她的鼻子和眉目之間，而不注意她的大麻臉，那位駝背兼拐脚的朱夫人，如果你在隔壁聽她說話的聲音你會想起她是一個極可愛的女人。那幾個像村婦的，也大都三停均勻，五官端正明亮。這便是她們的大美了。

中國歷代貴爲皇后或將相之妻，而醜陋不堪的大有其人。至今也時常看見到醜陋的女人而偏嫁得富貴之夫的。

歸納他們的梠局的優點，可分爲三方面：一種是醜中有大美，像上述的情形；二種是內在美，是「堅貞」或「溫柔」；三種是氣度大，有才情。無論男女尤其是女人，內在美比外相美更重要，不堅貞的女人，越美越是下格。

七：圓瑛法師圓寂命中註定

全國聞名的高僧圓瑛法師，晚年長住上海，大陸變色後不久在上海圓寂，享壽八十多歲。這位高僧十九歲出家，對佛學經典致力數十年，德學湛深，素爲佛教徒所景仰。他以講經聞名全國。每年都在上海開壇講經一二次，每次兩三個月，而能使聽衆風雨不斷，自始至終，經壇每夕滿座，在上海可稱爲非常難得的盛事。

因爲圓瑛法師是福建古田人，所說國語，發音不大正確，但每次仍能使聽衆滿載而歸，理由就是他的講經，具有一種超凡的智慧作用。有人說他有一種「佛力」，其實只是他說經的技術高明而已。

大約是一九四七年，共產黨還沒有得勢，有一天我們有幾個朋友被兩個圓瑛法師的子弟某某居士（即在家吃長素，與妻分房的），請去參加一次佛誕。那時候圓瑛是住在滬西大西路的一間寺廟裏。寺廟雖然不大，一切規模倒也全備。

據佛教的說法，我們那天總算「有緣」，能夠參加佛誕盛典，也跟他們禮過佛，吃過筵，更有意義的也和圓瑛法師說過話，而且說到未來的情形，而今也都應驗了。

當時正是國共在北方開始以兵戎相見，和戰未分的時候。在表面形勢看，當然國軍佔優勢，華北各省以及交通線也都在國軍掌握之下。我們因爲事先聽過關於圓瑛法師的大名，也聽說他有特殊的「佛性」，對於未來之事頗能預言，所以我們那天飯後就把國家天下事向他請教請教。

我們怕他不肯說，先由遠遠地轉了幾個彎，在輕描淡寫有意無意中觸到時局問題。那時候他已是七十歲的人了，而精神仍然矍鑠充沛，只像一個五十多歲的人。我們雖然裝做有意無意似的，而他却不至於上我們的當，肯在有意無意中流露出來。

後來我們覺得，面對這位德高望重的老法師，似乎不能不以誠相見，所以便改用請教的口吻，問他對於時局的看法，簡直就是問他共產黨會不會來。

他看見我們那末恭敬誠意向他請教，似有說也不是，不說也不是的樣子。他老人家用非常機警而聰明的口氣對我們說：「關於國家大事，我們出家人不應當去說，也不配去說，我們似乎只能說說有關我們佛門的事。」

接着他閉目冥思了一會，這是高僧和人說話所常有的事情。

一會，圓瑛法師開了眼睛，對我們說：「各位如對佛門有關的事，大家可以隨便說說。」

於是我們就問：「據老法師看，共產黨如果得勢了，對佛教有何影响？」

「那是勢不兩立的事；因爲他們是唯物，而我們是唯心。」老法師繼續的說：「不久，我們佛教要遭遇到一個空前艱難的局面。不過，只是佛教徒受難，佛教本身却不衰落。」

「老法師你自己會看得見這局面嗎？」我們中間有個李先生這樣問。

「見得到的，我的壽命尚有十年，我身爲佛教徒，也應當躬蒙此難！」

圓瑛和尙又說：「當然這算是國家的氣數，不是我一個人的事，中國人大都要遭難的。到了那時，我們中國的和尙，可能變爲日本的野和尙，有的吃葷的，甚至也有討親的，眞是浩刼！」

由於他提及日本，使我們想起八年的抗戰，尙且維持八年之久，最後達到勝利，何況對共產黨作戰，依過去情形看，不至於在這十年內就會有這麼大的變化。

於是我們就從側面發問：「老法師，你剛才說你的大壽尚有十年，當然這也可算爲難得的高壽了（當時老法師已七十歲了），但我們就你的精神和體力來看，活到一百歲也是平常的。」

我們中間的唐先生說到這裏又提一個事實說：「虛雲和尚現在不是差不多一百歲了嗎？他還健在呢！」

「國家有氣數，人有壽數，虛雲老法師可能比我的壽命更長，他現在雖然比我大得多，可能比我更遲圓寂。」

圓瑛法師說到這裡似乎有些感慨繫之的樣子，又沉重地說：「不過，這雖然是福氣，但他在這次刼難中，恐怕比我更困難。太平盛世，長壽原是福人，若當無道雜亂之日，長壽偏是苦命了！」

「老法師，佛家相信命運嗎？」當時我向他這樣領教。

「相信，這我是前生的註定。」

接着唐先生又問：「老法師所謂你自己尚有十年大壽，是根據命運，還是由於老法師大智慧有先知之明呢？」

老法師答道：「我是根據我自己的命運的，我還沒有那麼大的智慧。」

因為老法師的兩位弟子知道我會算命，就對老法師說：「這位齊先生會看相，也會算命，法師可以和他說說命理。」

老法師聽見我會算命，就微笑對我說：「齊先生，你會算命嗎？我也知道一點，只是一點點，是從前出塵和尚教我的，可惜我沒有工夫去研究，這和佛法沒有衝突，就是諸『法相』的一種，是一種『虛相』的實證。」接着他便自動地把自己的生辰八字唸出來了。他的出生日時，是前清光緒四年，戊寅，六月初八日申時生。四柱是「戊寅，戊午，辛酉，戊子」，那年是一九四七年，他剛剛七十歲。

他說，從前出塵和尚給他算過，他自己後來也明白，這八字要在七十九歲交入丙運後五年之內去世的。他問我，依我的看法，要在那一年是他圓寂之年。我當然不敢說，我祇承認出塵和尚和他自己的看法是不會錯，壽命總要在丙運中告終的；但也可以有例外，尤其是他係一個有德的老法師，更可能有例外而或可以渡過難關的。

但他自己說不能渡過難關，因為他從過去的事實可以確定他的壽命要在丙運結束，而他心中所求的倒不是延長壽命問題，而是希望不受苦難問題。他盼望佛祖能把他提早幾年能在七十九歲以前去世，那就可能不受時局變化的苦難。

那天我們談話時，在座的還有兩位他的子弟：一個是明暘和尚，是圓瑛法師的隨從弟子，隨時料理老和尚起居飲食的，明暘和尚是福州人，自幼出家，跟隨圓瑛法師，那時才三十零歲，另一個是在家和尚李文檳，也就是跟隨國父中山先生奔走革命多年的革命老同志。

他對我們說：「他們兩人也同樣要受苦難，可能比我更苦！」

我們問他：「依老法師看，這苦難幾時會臨到上海？」

他說：「大約再過兩年，是我七十二歲那年。」

我把他的流年一看，雖然於他的八字不利，並沒有什麼險象發生。

於是我就問：「是否過了兩年，上海這地區就有災難呢？」

他說：「由這一年開始，三五年之內就有大災難的，恐怕要死好多人，不是天災，而是人禍。」

不久我們發覺，圓瑛和尚所說的，乃根據他自己和明暘和尚以及李文檳三人的命運合看所得的結論。後來的事實呢，一九四九年共產黨到了上海，過兩年「三反五反」發生，而圓瑛法師果然到了丙運，受了許多的麻煩而在上海圓寂了。

八：女有丈夫相非離便是尅

前幾年，和幾個朋友有一天到一家上海館子裏去吃飯。一坐定，看見隔座坐有三女兩男。我們朋友中間有個季先生，認識那兩男之中的一位高先生，於是季先生就到他們座上坐了一會。

回來時，季先生就寫了一張小字條，偷偷地遞給我，上面寫的是：「請你先看看隔座那三位女人的相，回頭我們再談。」於是我遵命偷偷地向她們三人看相了。

一小時後，她們因先來的，吃完飯就先走了。季先生問我說：「你把她們看清楚沒有？」

我說：「大體把她們看過了。」

「請你說說看對不對？」老季好像要試試我。

於是我說：「左邊和右邊那兩位，都是已經離了婚又結了婚的；而當中的那位胖胖的，福相最好；但是，夫妻也是不和，要離離不得。」

「對的，她們兩位都是離過婚的！」老季繼續說：「但那位曹太太，我只知道她有先生也有兒女，却不知道他們有要離離不得的事。」

「坐在當中的是曹太太嗎？胖胖的，你看她福相不錯嗎？」我說：「但不知她今年幾多歲了，大概還不到四十二歲，否則，她就當尅夫了的。」

「兩離一尅，爲什麽她們這樣湊巧碰在一起呀！」我們在座中有人這樣說。

我說：「物以類聚，人也不例外，尤其是女人，常常是同命鳥聚在一起的。」

季先生因爲要我教他學看相，就借此機會，要我就這三位太太的相貌說說要點，他說，他和她們很熟，改天見面時可用實相和實事對證的。於是我就爲他說個大要。

我說，女人以鼻爲夫星，凡鼻相有缺陷的，夫星亦必然有缺陷，非離即尅，不能避免，鼻運雖然要走十年，是由四十一歲行至五十歲；但離異或尅夫之事却常在四十一歲以前；因爲凡有離婚尅夫相的女人，她的額和眉目相也必有毛病；所以通常在三十歲前的額運，或在三十一歲至四十歲的眉目運中，就要發生不幸之事了。

至於尅夫相，情形稍不同。尅夫相關係於雙目與兩顴，看夫星，這是鼻的配相；女人的目相，如有露睛、露光、混濁以及眼形不正之類，或是兩顴露骨以及顴位居高壓鼻之類，都是屬於「刑尅」之類，不是屬於「離異」之類。所以女人尅夫多在三十歲以後四十七以前，因爲這年齡是關眉目和兩顴的運。

此時季先生就用那位曹太太的相爲例，對我說：「像那位曹太太，鼻、眉、目、兩顴，好像都沒有顯著的缺陷，何以會斷她是尅夫相呢？」

像曹太太那樣的相，的確不是初學的人可容易看出是屬尅夫型的。

當時我指出的是「曹太太的鼻，在兩目之間的『山根』太過高，此種鼻相若在男人，再加上像她那樣目光，不是當軍人，便是當法官，也就是說，她操有生殺之權。現在呢，她既是一個普通的女人，有生殺之權而無生殺的對象，所以非尅夫不可了。」

老季又問：「尅夫是一件事，何以你又說她『要離離不得』呢？她的確要離，到底爲的是什麽？現在看來她差不多是四十歲的人了，女人到了四十歲，又有兒女，難道還有什麽野心嗎？」我說，女人的尅夫相和離婚相是兩類，離婚相有因「淫」離和因「事」離兩種；而尅夫相則分「明」尅和「暗」尅兩種，而曹太太的相屬於「明尅」，因爲她與她丈夫早已不和了的。

有一種夫妻情愛甚篤而尅夫的，那就是「暗尅」了。暗尅比明尅難看得多。

當時我斷定曹太太要在四十一歲下半年到四十二歲上半年要尅夫，而且可能她的丈夫是暴卒，要死於非命。後來過幾天老季查明，明年就是曹太太四十一歲屆入尅夫之年了。也不幸言中，曹太太的丈夫果然在她四十二歲的上半年暴病去世了。

曹太太至今還沒有嫁人，自己出來經營一種事業，蒸蒸日上全權在握，雖失所天，却也解除了閨中不睦的痛苦，這尅夫反而對她自己爲有利了。

就曹太太的相來說，後來我又告訴老季，就是所謂「女有丈夫相，非離便是尅」的事實。

曹太太是一個十足的「女有丈夫相」的女人。「巾幗夫人」、「女中丈夫」本來是好相，何以又說她「非離便是尅」呢？這其中就關係女人的「風韻」和眼目的「神情」問題了。大畧說來，一個「女人丈夫相」的，如果仍保有女子的風韻，那就是大貴之相；如果失去女子的風韻，而又眼目混濁或露光，那便是一個雖然「能幹」的女人，却也必定是一個「尅夫」的女人了。

不過，此種女人雖然性强，脾氣大，對於自己的守身却是堅貞的、有志節的。與一般的「因淫」離婚的女人，却又不可同日而語了。

九：宋子文妻美財豐早已命定

前國民政府財政部長宋子文，是光緒廿年甲午歲（一八九四年）出生，以中國歲計算，今年已整七十歲了。

友人陳君，是上海富人之一，也是宋子文當財政部長的財政官員，他年青在日本留學時，那時宋老太也在日本居住，認識了宋老太，作宋老太的晚輩；後來宋老太回國，把他介紹給宋子文，由是大走其財運，不久便成爲上海的富人。他曾告訴朋友關於宋子文的事跡很多。

這位陳君，因自己深信命運之事，他說他自己一生就是靠命運。因爲他的發財是自己夢想不到的。他不特沒有理財的本領，連用錢的本領也沒有。他的發財只是莫名其妙的運到財來而已。

此君前幾年已在台灣作古。昨日他有個親戚在路上碰到，談起陳君的舊事，使我記起陳君曾和我們幾個朋友說過關於宋子文少年出國留學的故事，姑把其中關於命運的，筆之以獻讀者。

民國元年前一年的夏天，也就是所謂「辛亥革命」之歲，是公元一九一一年，宋子文十七歲，宋老太因爲記起，當宋子文出生三朝，算命先生替他「定時」，曾說過這個孩子十八歲要離家遠行，於是就請一個當時精於算命的徐老先生，再替他算一次命，看看明年十八歲是否要遠行。

小孩定時的命紙大都只排定八字，把出生時辰確定了就算，不談到命理和命運的。因而當時宋老太就請徐老先生也把宋子文的一生命運如何看一看，老太太的主要意思還是看看十八歲遠行是否平安有利，好讓自己作個考慮，是否允許他離家遠行。當然她老人家當時還不是老人，還以爲孩子的命運，做母親的多少總可以把握得住的。

辛亥革命那年國內尤其是廣州，人心浮動，時局不定。宋老太的意思原打算叫宋子文到日本去的。因爲當時中國人多數到日本去留學。但是，徐老先生把宋子文的八字一看，却把老太太說得反而不相信徐先生說的是命運了。

因爲徐老先生根據宋子文的八字，說他將來要做一品大官，而且富甲當朝，老太太雖然頗有知子之明，相信宋子文將來是一個好孩子，但自己絕對沒有理由敢想像他將來有富甲當朝，官居一品之事。因爲當時還是滿清時代，宋子文家族並非閥閱之家，本身也無功名，從何富貴起來呢？

宋老太就問徐老先生，到底八字上，根據什麽說他將來會「官居一品，富甲當朝」呢？

徐老先生說：「這是根據八字上的五行看出來的。」

宋老太太反問道：「現在是滿淸時代，我的孩子也沒有功名，我家連親戚也都不是官家，那裏來的道路可以升官發財呢？我眞不敢相信。」

徐老先生只好把宋子文八字的情形畧說一點，說他的八字是「妻美財豐」的格局，將來配妻美貌賢淑，財富之豐，堪稱爲財神，老太說，一個男子若是稍有才具，畧有地位，求娶一個美貌的女子爲妻，倒不是難事，但若欲求富貴，倒不是一件太容易的事，所以當時徐老先生怎樣解釋，都不能使她相信自己的孩子有這樣的大命運。

後來談到明年十八歲是否要離家遠行問題，徐老先生就乘此問題對老太太說：「現在太遠的事暫不必說，說了你也不相信；如今先把近在目前，關於明年之事先說一說好不好。」

老太太也正想問問明年遠行的問題，當然贊成徐老先生暫把富貴問題放下，先談談關於明年之事。

「明年是壬子年，十八歲，入秋之後，就要出國遠行。」徐老先生說：「而且不是幾個月，要去好幾年的。」

老太太問：「要去何國？」

徐老先生說：「要那一國，八字看不出來，只能看出是向東方行。」

「向東方行？」老太太說：「那一定是到日本去的。」

「不是去日本，日本是東北向，而他是向正東向走。」徐老先生又說：「依這方向看來，好像是去美國的！」

老太太分辯說：「明年他只是十八歲的孩子，怎能到美國去？美國去又做什麽呢？這命運恐怕又看不準了！」

徐老先生就趁此機會打賭地問宋老太：「如果明年這事我看準了的話，那末我剛才所說的他將來官居一品，富甲當朝之事你相信嗎？」

「那當然相信，因爲這也是一件太奇怪的事，我們絕對沒有打算他會去美國的。」

這是辛亥年的夏天的事，實事呢，那年秋天國民革命成功，第二年民國成立，孫中山先生在南京任第一任臨時大總統，令由「稽勳局」遴選革命青年學子二十五人，派赴東西各國留學，而著名學者任鴻雋、性學博士張競生，和這位將來的財政部長宋子文，就在二十五名之內，而且宋子文是派去美國留學的。

十：江博士妻曾再嫁有子爲證

上海江灣某著名大學經濟學教授江博士，有個年輕貌美的太太很得寵。朋友們背後都說這位年輕黃女士是江博士的姨太太。

這些話曾落到江太太的耳中，她很生氣。她要江博士特意爲此事請客，要他當衆說明她是太太，不是姨太太。江博士爲着體貼愛妻，只好照辦。

有一天就在上海南京路冠生園請客。請客的前好幾天，朋友們都先接到請帖。他們兩夫婦想了好幾天，才想出用發帖請客的方式，說明他倆是正式夫妻。

他倆想出請客的名義，是江博士的母親做壽，出帖人名「男江某某，媳某某，孫某某」這樣公開的發帖，把黃女士定上「媳」的名份，就是說明了是正式的太太，而非姨太太的身份了。

朋友之中接到請帖的大都議論紛紛。因爲大家都知道江博士以前曾娶過一位德國的太太，雖然這位太太早已去世，但這位黃女士在名義上是姨太太，因爲她是在那位德國太太去世前就和江博士同居；而且事後又未曾經正式「扶正」的手續。

於是有幾個好事的人，尤其是明婚正娶的太太們，認爲黃女士未免太目中無人，不守禮法，自己既是姨太太，偏要人們認她爲太太。她們就想方法對付她。

怎樣對付呢？她們知道朋友中也是被請的朋友，有陶半梅能看相，鄭文欽能算命，她們就去找他們兩位，問他們兩位，在看相和算命上可否看出她是太太的命呢，還是姨太太的命呢？他倆都說這是很容易看得出。

於是她們就請陶鄭兩位那天一定要去冠生園，一面請陶半梅看看江太太的相貌，一面請鄭文欽設法查得江太太的八字。

請客日子到了，他們也都赴宴去。席間賓主倒也盡歡而散，一走到冠生園門口，陶半梅就對幾位太太們打胸膛保證地說：「江太太定是姨太太，而且可能……」

下面他突然停住不說下去了。「眞的是姨太太的相嗎？而且可能什麽？」太太們爭相詰問，陶半梅說：「我只能斷定她是姨太太，至於其他的事，請你們去問鄭文欽。」她們就去問鄭文欽。

鄭文欽說：「江博士不肯把他太太的八字說出來。你們知道他是姨太太就算了，何必要曉得其他的私事呢？」

「不行，我們一定要把她弄淸楚。」

有個太太這樣說：「因爲她靠着年輕漂亮，在我們面前太驕傲了。」

有一個藍教授的太太就問：「她本人的八字查不到，若把她兒子的八字拿來看，可以看出她的命運嗎？」

鄭文欽說：「如果是她親生的兒子，可以看出她的命運，一個人可以看出他是元配所生或是妾侍所生。」

「眞的嗎？那我有辦法查到她的兒子的八字，因爲他的兒子是和我的兒子是小學同班同學。」

過幾天藍太太拿到了江博士兒子的八字。因爲那天從冠生園出來時，鄭文欽曾勸告太太們不要追究江太太的婚姻秘密，所以她怕如果鄭文欽不願意把江太太命運上的秘密說出的話，她一知道這八字是江博士的兒子，也許不肯說眞話的。同時也不曉得這八字是否正確，這小孩子到底是不是江太太所生也不曉得淸楚；於是，她就和一個趙太太，就把這八字拿去上海法租界霞飛路瞎子算命張燮堂那裏先算一算，因爲張燮堂對於六親特別看得準。

張燚堂把這小孩的八字一算，奇怪，第一句話就問：「這小孩應係偏房所生，他的母親是偏房的嗎？如果不是偏房，出生的時辰就不對了。」

「他出生的時候，他的母親確是偏房，但現在已經扶正了的。」趙太太這樣答說。

「現在扶正沒有扶正是他母親的事，我暫時可以不管，現在我是要先把這小孩的八字扣準了，再說其他。」瞎子張燚堂繼續屈指再算下去，又說：「這小孩現在雖然八歲了，但他將是他母親的獨生子。他將是一個既無兄弟亦無姊妹的人。」

「是的，他沒有兄弟姊妹；但他母親年紀還輕只二十九歲，將來恐怕還會養的。」

藍太太又說：「你說他將是獨生子，難道他母親年紀青青就不會再養了？」

算命答說：「是的，既然獨生子，他的母親就不會再養了的，不管年紀幾何。」

「先生，到底看得出看不出，他的母親以前雖是偏房，現今已經扶正了沒有？」趙太太又問到江太太本身的問題。

算命的說：「他的母親有沒有扶正的命運，最好要把她自己的八字來看；你們知道不知道她的八字？如果有，馬上就可以看得出來她到底扶正了沒有，或者永遠是妾侍的命運。」

「是的嗎？可惜我們不知她的八字，只知道她的正確年齡是二十九歲。」藍太太說：「我們也知道她是七月十六生日，但不知是何時辰，先生你可把她的時辰算出來？如果能算出來，我就替她算一個命。」

瞎子算命先生張樊堂聽了藍太太這樣說，就回答：「有了孩子的八字，把他母親的時辰扣算出來是可以的，不過麻煩得很，今天不能算，要等明天才能算出，你如要算，請先交下筆金，明天來聽回話。」

瞎子又問：「你知道這孩子的父親今年幾歲？那一天生日嗎？」

「知道的，」趙太太接着說：「今年五十四歲，八月二十日生日。」接着，算命先生繼續談論江博士兒子的八字。張樊堂說：「這孩子的命很硬，他不特是妾侍之子，他出生時，他的母親還不是進入家門的妾侍，只是偷偷摸摸的外室而已，依他的八字看，出世時若不剋父，那就不特是『妾侍所生』，而且在肚子裏就要『隨母從人』的！如果他的八字是準確的話，在他出生前，他的母親曾經離他的父親而從人的。但不知你們知道她的詳細情形否？如果不知道，這是有關私人的秘密，希望你們不要把她揚出去。」

「是的，我們和她是朋友，不會把她傳揚的，不過，我們和她也是淺交，相識才兩年，以前的事情我們弁不清楚，他的父親是一個博士，把我們請你替他兒子算算命，因爲有算命說他的兒子命很硬，最好要拜別人爲義父才不至尅父，所以請你看看需要不需要過房給別人作義子呢？」藍太太又說：「請你看看這小孩的父母還會有什麽變故？」

算命先生說：「這孩子在出生前已經『隨母從人』過了，也已經改姓過了，所以現在以後倒不至於再尅父了。別的算命因爲沒有算出他曾經『隨母從人』，所以說他需要過房，其實他未出世就過房了的。照命理上看，他六歲那年才歸囘本生父身邊，也才復姓歸宗的。」

第二日，藍太太又從張㸌堂那裏得知江太太的命運，至今還是妾侍，未經扶正，要過一年八個月才能扶正爲塡房。於是她就拿八字給鄭文欽一看，也把張㸌堂所說的告訴了鄭文欽。於是鄭文欽不能不說眞說，承認張㸌堂所說的一點也不錯。

過了不久，鄭文欽和陶半梅二人，爲要證實命相的看法準確計，特意拜訪張博士，果然命相上所論斷的事，都得到證實上。也因此，江太太不敢再在太太們面前驕傲了。也因此，不久江博士也爲他太太扶正而正式發帖請客了。

十一・汪精衛死時有福死後有災

若就相色來說，男性美有兩種典型：一種是「魁梧」，一種是「英俊」；而汪精衛則是兼此兩型，他體格旣魁梧，而面目又英俊，他不特少年時刺殺前淸攝政王因係一個美男子而免於一死，即晚年辭世時已六十二歲了，若在十步之外，也還祇能看他是個四十多歲的漂亮男人。

民國二十四年（一九三五）他在南京中央黨部被暗殺身中三槍時，南京上海各地都有很多和他相識的人替他算命，那時他已是五十三歲了。

當時許多人都以爲他活不了，因爲他素有糖尿病，旣係被暗殺，則仇者能在中央黨部開會後攝影時政府黨要羣公面前行兇，則繼三槍之後還不會有其他的辦法嗎？

但是，所有算命的却都說他不會死。

主要的理由是有兩點：第一是那年命理上只是「災難」而非「死亡」；第二是他還有好運在後頭，所以不致於死。

在被暗殺的前十幾天，有看他的相，說他六十二歲以後要死於元首任內。當時他雖被暗殺，而算命的却也說他不特不死，而且還有好運在後。南京有個著名的瞎子算命的，人都叫他爲畺瞎子的，曾對人說過：「汪精衛死時有福，死後有災」這句話。許多人只不難明白「死時有福」的意思，而對於「死後有災」却不大明白了。

汪精衛是前清光緒九年三月廿八日巳時生，八字是癸未，丙辰，戊申，丁巳。去世時是六十二歲，行庚運，流年是甲申，就命理言，乃因洩氣太過而又冲尅重重，所以難免於死，就相局說，五十三歲遇刺之事所以發生，乃因上唇右上有些低陷，正是五十三歲行運的部位。能夠看相的人，一定可以看出那年非災必病，這原非有什麽高明的。不過其中畧有深淺之別的，就是如何分別是災還是病問題。

五十三歲只是災而不至於死，主要的原因關繫於以後還有好運。汪氏五十三歲以後當以口運爲最佳，即六十歲前後一二年之事。那年汪氏雖委身於與敵合作，就命運上言，乃係一國元首之尊。由於後頭還有佳運，所以五十三歲雖有殺身之災禍，仍可大難不死，必有後福的。所以這句「大難不死，必有後福」的俗語，此次之所以不死，關繫於他有好的口相，凡見過汪氏的大都會覺得他的口鼻相特別好。

口運是由五十一歲至六十歲，而鼻運則是由四十一歲至五十歲，汪衛精四十三歲在廣州任第一任國府主席是在鼻運。以後在南京任行政院長也是在鼻運。因爲他有這樣好運在後面，所以他在二十八歲刺殺攝政王就不致於死了。這是無論看相算命都應當注意後運好壞的理由，後運好，前運壞就有救；後運不好，一交到壞運就無救了。

當一九三五即民國二十四年，他在中央黨部遇刺的前約兩星期，我有個朋友在中央黨部參加孫總理紀念週聽他演講之後，因爲發現汪氏的氣色和部位都有災禍的表現，就去和一個當時在內政部任科長的唐先生談談；因爲唐先生是會算命的，南京要人的八字差不多他那裏都有存記，要他看一看汪精衞最近是否有何惡運，和他就相上看的是否符合。

唐先生把自己手記的一本「名人命鑑」打開一看，果然在汪氏名下載明有如此的字句：「乙亥，五十三歲，大難不死。」

朋友就問唐先生：「何以今年他會大難不死呢？」

唐先生解釋說：「汪氏的八字，每五年逢乙或庚的流年，必有事故發生，有的是好運，有的是壞運，所以他的在職，最多不能超過五年，必有變化，過去他當了行政院長到了今年，首尾是五年了，今歲又逢乙亥流年，所以非有變化不可。因爲在好運中發生變化，必是凶多吉少，但尚因他有十年壽命，而且他五十八歲庚辰年，還有最後五年的好運，所以斷他今年雖必難免有『大難』發生，但因有好運在後，所以也必『不死』。如果這次的大難發生於後十年的乙酉歲，那就非死不可了；因爲他的壽命至多不能超過乙酉年六十三歲。」

說到這裏，唐先生還怕朋友不相信他的判斷，便把汪衛精過去政海浮沉的兩次大事舉例來說。先舉汪精衛第一次聞名全國的事來說，當是潛入北京行刺攝政王的事，那年是「庚戌」年，他二十八歲。

第二件大事無疑是民國十四年在廣州任國府主席，那年是「乙丑」年，他正是四十三歲，第三件大事是「庚午」年四十八歲，他從法國回國，不久就接任行政院長。

這很明顯的，汪氏過去三次大事都在乙和庚之年，三和八之歲；所以那年是「乙亥」年，又逢五十三之歲，便非有大事故發生不可。

這是唐先生和我的朋友，於一九三五年汪精衛在南京中央黨部遇刺前兩星期所談論的事。

過了兩星期，汪氏果然遇刺了。之後，也果然「大難不死」了。可惜我的朋友以後沒有機會再看到汪精衛，未曾把他的相格後運作出結論。不過，依他的記憶，汪精衛五十八歲以後到六十歲口運爲止，確然還有一個好運那是無疑的。

後來他們兩人又一次見面討論到汪精衛命運的問題。他們也聽說有人說汪精衛「死時有福，死後有災」的事，他們兩人對這一點加以研究。就相局論，汪是屬「清奇」格局，原有「死於非命」之虞，就命理上看，如果他能活到六十三歲，他就有死於非命之事，因爲那年是「乙酉」年，又逢「三」之歲，於他命運大大不利。

唐先生就命理說，民國二十九年是「庚辰年」，汪精衛五十八歲，依過去四次每逢「乙和庚之年」，「八和三之歲」都有大事發生，則此事當亦有大事發生。

到底是什麼大事呢？後來事實證明了，那年就是一九四零年，汪精衛甘心作傀儡，自稱「組府還都」，這不明明是命運支配他嗎？

關於「死時有福，死後有災」的事說來也很奇妙。汪精衛是一九四四年即抗戰勝利前一年死的，死的病因是五十三歲在中央黨部遇刺藏在體內的子彈當時未取出，此時發炎而起。他以僞府元首地位去日本就醫，死於日本，屍體用專機飛回南京，僞政府當然命令以元首國葬禮舉行國葬。這就俗語所謂「生門英雄死門福」來說，汪精衛之死總算是有福了。

更奇怪的一事，當汪精衛出殯那一天，天色晴朗，出殯的路線是從考試院到中山陵右邊的梅花山，由僞代主席陳公博以下全體是步行執紼，由天色黎明開始，到下午五時才回處，竟然重慶方面不曾派飛機來掃射，這不是他命中確然「死時有福」，還有別的理由可以解釋嗎？

更奇怪的，依命理，汪精衛如果活到六十三年「乙酉」年死的話，就有死於非命的危險，而乙酉年就是勝利那一年，但他偏早幾個月於甲申年死去，乃能蒙受國葬之福，然而第二年勝利，正式國府由重慶還都南京之前，在梅花山上汪氏墳墓，被政府派人用炸藥炸開，把汪氏的屍體不知如何毀去，這又不是「死後有災」了嗎？

十二・三角眼・良心狠・不得其死

根據現代的生理學和心理學所研究的說，我們身體五官，每日消耗精神和體力最多的，而對知識也最有貢獻的，莫過於兩隻眼睛。

在相理上眼睛也比其他五官更重要，比如說，一個人的聰明與愚拙，忠厚與刻薄，善終與惡死之類，其他五官看不出，只有看眼，則一目瞭然。

就善終和惡死來說，眼睛慈和的是善終相，兇惡的是惡死相；眼睛明亮清晰的是善終相，汚濁赤黑的是忍死相，這在一般人似乎都有一點經驗的通俗相理。至於「三角眼」，那就是比較專門的形象相術了。所謂三角眼，就是眼眶上面有角度，成了三角的形狀。這不特是一般的惡死相，而且是特別的惡死相，即死時要經過刀槍殺戮的。

關於三角眼不得其死的判斷可以百無一失的，試舉三個衆所周知的人來說。北洋軍閥孫傳芳和齊燮元以及前浙江省主席陳儀，都是正型的三角眼。這三個人當然平生操過殺人大權，也會殺戮過人。他的良心狠不狠雖然不可知，而其眼睛有使人望而生畏，具有殺氣那是事實。

孫傳芳下野，之後雖然茹素禮佛，但最後仍難死於非命，當孫傳芳在天津皈依佛教時，從前看相的人對他三角眼的惡死相，曾經一度懷疑過，以爲他可能因皈依佛祖把他惡相改變了，因爲看來他似乎不致死於刀槍了。然而，想不到他仍然在佛堂中聽經時被一個女子爲父報仇，而開槍把他打死了。他被殺後，看過他相的人，莫不大大驚嘆。

和孫同時的軍閥齊燮元，下野後在平津逍遙歲月也很平安自得。如果他不參加華北僞組織的話，他也不致於惡死的。偏偏於最後兩年他參加了華北漢奸政府，結果勝利後就被解押南京宣判死刑，在南京有名的雨花台刑場槍決了。

再論到陳儀，那更是死得奇妙了。誰想得到這個國民政府一等的大員，而且當時也紅極一時的浙江省主席，會因「通共」的罪名，由大陸解到台灣去槍決呢？陳儀、孫傳芳和齊燮元三人都是三角眼，都死於刀槍一點也不爽。

就相理言，三角眼只是形象而已，這相當然與心情有關，大抵三角眼的人，良心狠。反過來說，如果三角眼的人，能把「良心狠」改掉的話，「相由心生，相由心改」很可能把惡死的相改變的，望有三角眼的人，注意此點。

十三·男人尅妻鼻低倉陷魚尾現

友人連仲謀，是保定軍官出身，也曾榮任軍長，可說是一個英勇善戰，身先士卒的標準軍人。年青時他也就有一種武士的精神，時常替人抱不平，在路上與人打架，打傷人，吃官司，是司空見慣的事。

有一次他被關在牢裏。那時是前清末年的時候，各縣還沒有地方法院，凡是民刑事都由縣長和司法科科長審理的。他被關進縣政府的看守所裏，二天了，還沒有提審的消息，心中十二分焦灼。

他自己想，和人打架，依過去的經驗來說，大都當天或第二天就要開庭，也大都不過判關兩三天就算了，而此次竟然關了三天還沒有提堂，眞是急煞了他，也不知到底是何理由。

那時候他只是一個二十歲的小子，他是一個天不怕地不怕的性格的。於是他就在牢裏大發怒氣，謾罵獄卒。剛好和他關在一起的有個中年人會看相的，就問他吃的是什麽官司？勸他「旣來矣，則安之」吃官司的人都是運氣不好的，在牢裏若太心急，禍不單行，生病了更是苦上加苦。

起初他不知道這位先生會看相的，他就說他不曉得什麽叫做運氣，也不相信命運之事，他說如果自己不想替人抱不平，他就不會吃官司，這明明是自己做出來的事，和運氣無關。他說他是三天在路上看見一個年青人欺負小販，就過去把那年青人打了兩拳，因而就被抓到這裏來了。

他又說，像這樣情形他每年差不多有好幾次。因爲都是抱不平的事，所以司法科科長和他都相熟了，也都把他輕判，有的只把他「申斥」一下，有以打手心十記，有的關一天，最多有一次把人鼻血打出來，也不過關三天而已，此次他還沒有把人打出血，論理關一天是最重的了，而今白關了三天還沒有提堂，不是太可氣了嗎？

會看相的難友，爲要使他能夠因相信看相而肯聽他的勸告，就對他說，依連君氣色看，此次官司不是三五天的事，不要着急，安心聽命，否則還會節外生枝，禍上加禍，災上添災的。但他說他不信，他自己相信一提堂就要開釋的。

於是看相的就對他這樣說：「你此次的牢獄之災，非三十天不可。好在你還沒有結婚，否則在這三十天之內還要尅妻的！」

「三十天？尅妻？」小耗子連仲謀跳起來，呆了半天，「我雖然還沒有結婚，但我已經和我表妹訂婚了，你看也會尅妻嗎？」

連仲謀呆了半天所想的問題就是這個問題。原來他自幼就和兩個表妹很要好，到了兩年前，這兩個表妹的父母要他選擇一個需要舉行訂婚。一個表妹是姑母的女兒姓何，而另一個則姨母的女兒姓蘇。他自己對蘇表妹似乎比較好一點，因爲她的個性和自己相似。他當時只是一個十八歲的小孩，原無選擇的權利，只對自己父母表示那一個表妹都可以。因而他的父母就把三個表兄妹的八字交給算命先生去合婚。這原是舊時代婚姻的一種通俗的手續。

算命先生說連仲謀的命要尅妻，最好要遲到三十二歲之後結婚，否則結幾個要尅幾個的。同時告訴他不能和肖蛇的肖雞的和肖牛的結婚，這三肖必定被尅的，而且兩表妹中那位姨母所生的蘇表妹正是肖雞的，於是連仲謀的母親就決定不和兩表妹訂婚，要把他挨到三十二歲之後。不算命還好，一算命仲謀反而不服氣了。因爲他心裏實在喜歡蘇表妹，而蘇小姐也愛他。

於是他倆就聯合起來提出反對算命之言。他表示非蘇表妹不可，而蘇小姐也表示願意嫁他。他們兩人分向雙方父母表示先行訂婚，如果爲着避免冲尅，可以等到三十二歲以後再結婚。於是他倆就於前兩年訂婚了。

現在連仲謀一聽這位看相難友說的話，不能不想到往事了。爲什麼看相的也和算命的同樣說我要尅妻？僅僅訂了婚是否也會尅呢？他一想這裏，這尅妻的問題當然比三十天的吃官司更重要多了。他希望看相的能告訴他。

「你已經訂了婚嗎？」看相的朋友要說的話到了嘴口又不敢說出來，他恐怕這年青性情急躁的小子一聽他在三十天內尅喪未婚妻的話，在監牢裏一定要鬧出亂子的；所以他轉一口氣說道：「既然還沒有結婚，冲尅可以減輕一半，如果你能在牢裏過三十天，大概沒有問題的。」

看相的雖然這樣說，而連仲謀心中依然焦灼萬分，他極其盼望在一二天內就開釋回去，他心中暗怕未婚妻有意外之事。

他問道：「你爲什麼說我這官司要吃三十天之久呢？我的罪不能判我三十天的！」

看相的說：「我是根據你面上所呈現的氣色看的，至於何以把你僅僅打人兩拳而關你三十天，我就不知其理由了。」

過了幾天，看相朋友因爲小事罰欵五元就開釋回去了，而連仲謀還沒有提堂，那時已知道所以今天還沒有提堂的理由，乃因省城召開全省司法會議，縣長和司法科長都到省城開會去還沒有回來。因爲這例外之事竟把連仲謀無故白關了幾天，使連仲謀相信看相所說的頗有道理了。於是他就把看相朋友的地址留下來，預備如果此次眞的要吃官司三十天的話，他就要相信命相之事了。

後來的事實如何呢？連仲謀眞的判囚三十天。爲什麽此次同樣小小的事會把他判三十天呢？

問案那天，司法科科長對他說：「如果你被拘那天我在縣城就把你提堂問訊的話，你當堂也就可以申斥釋放的；但因我不在，你被押了七天，而在這七天中，原告的父親從省城回來，知道你還在押，就來控告你了，因此要判你一個月的刑期。」

「他到底是什麽人的兒子，這樣可惡，我那天打他兩拳，他也打我一拳，爲什麽他要控告我，而我不能控告他呢？」連仲謀說時氣憤憤地好像出去還要尋仇去的樣子。

司法科科長看出他的心意，就勸誡他說：「俗語說，常常上山總要遇到老虎，你那天打錯了人，曉得嗎？」

「他是什麽人？」連仲謀問。

司法科長說：「第二營余連長你曉得嗎？他就是余連長的兒子。」

「噢！」連仲謀心中在胡思亂想。三十天刑滿連仲謀由監獄囘到家裏，他的父母因爲曾經替他去算命，說他命中有此三十天的牢獄之災，同時有尅妻之事，所以也不去責罵他，而他自己一到家就打聽蘇表妹的近況，而第一個聽到的消息，蘇氏表妹亦即未婚妻，原來已於十天前因熱症眞的死去了。

「爲什麽看相的說大概沒有問題呢？如果沒有這場官司的話，不是我還可以和她見幾面，也可以送終嗎？這不是余家害了我嗎？」

連仲謀就是受了這囘的刺激，決定投筆從戎去保定讀軍官學校；也自這囘事起，他開始相信算命看相之事了。過了幾天，他去看那位牢裏難友替他看相的朋友。他把三十天牢獄之災，以及也把未婚妻尅掉之事告訴了他，同時再求他，看看自己以後婚姻之事如何。

看相的說他要到四十歲以後才不會尅妻，否則一生恐怕要尅四妻，這是連仲謀二十歲時尙未考入保定軍官學校之時的事。

本來連仲謀是一個正牌的天不怕地不怕的人物，但後來變做最怕自己命運的人；因爲他一生眞的尅了四個妻子，何等傷心的事。他從保定畢業後，一帆風順，從連長而營長而團長而旅長而師長而軍長，前程如錦，堪稱滿意。但對自己尅相却一點沒有辦法挽救，自二十歲起尅了第一個未婚妻，後來又連尅三妻。未免使他對於命運之事太莫名其妙了。後來他也學到了看相之術。

他知道男人尅妻，確然有相可看，也有法可逃。因爲凡是尅妻，大都有一定的年齡，就是說，在若干歲以前會尅妻，在若干歲以後就不會；那末避免的辦法就是要等過了那年齡再結婚，如果看相的工夫高明，也可以尋找於他有的相貌的對方結婚，也可以互相補救免去相尅的。夫妻的相，有的可用「相補」的方法去補救，有的可用，「相尅」的方法去抵消的。

男人尅妻主要的相，一般人都以「魚尾紋」爲準。其實，主要的不在魚尾紋，而是「鼻低」和「倉陷」兩個部位的欠美。男人鼻低即妻宮不健的形象，倉陷就是「天倉」（眉尾上方寸的地方）平陷不豐滿之謂。

所謂「魚尾紋」，乃指兩目末端方寸之地有類魚尾形的。三者必須犯有兩種缺陷的才會尅妻，單有一種的，只是妻多病，體弱而已。

一般地說，以「鼻低」相爲最嚴重，尅妻的年齡也拉得最長，要到四十七八歲。如果鼻不低，而只是倉陷和魚尾現，尅妻的年齡則在四十歲以前，如果魚尾紋不現，則在三十四歲以前，如果三者兼犯，那就是年老還要喪偶，度其鰥夫日子的。三者兼犯的人，一生最少要尅三妻。

至於鼻低、倉陷和魚尾現三者，最普通的看相都說尅妻看魚尾紋現不現，其實魚尾難看。所謂「魚尾紋」不是「紋」，而是指「形」言的。因爲眼睛原具魚形，眼的末端因眼的活動關係，到了二十多歲都多少現出紋路來而像魚尾的。所以如果以「紋」爲據，那就容易看錯。看魚尾不可近看，近看就必看到紋了。看魚尾的「形」，只需要經常兩人對面促膝的距離看，看兩目末端眉下的陷處，有無銜接兩目末端成爲「尾形」。有，便屬「魚尾現」了。這三者也還只是就「部位」說的。至於尅妻的情形如何，如係善終或係死於十惡之類，那就是更深一步的工夫了。

十四：女人尅夫鼻削顴高聲刺耳

一般用俗眼看女人尅夫相的大都以面貌兇惡的，或是性情潑辣的。其實這兩者都不是尅夫的正相，祇是尅夫的副相，就是說，如果沒有尅夫的正相，單單面貌兇惡或性情潑辣，並不就會尅夫的，面貌兇惡的正相不是尅夫而是「惡死」，性情潑辣的正相也不是尅夫而是「尅子」。

進一步就形象看尅夫的許多人似乎都能說「顴高尅夫」就很容易把「顴豐」和「顴大」看爲「顴高」。那就大錯特錯了。顴大和顴豐相近，也很容易被誤認爲就是顴高，其實這三者大有分別。

大體說來，「顴高」是尅夫相，「顴大」是「勞碌」並「兇惡」相，而「顴豐」則是「相夫」並「有福」相，性質有如此的大不同，安可不辨呢？

還有一種叫做「顴露」即「露骨」之謂。這是「貧窮」和「尅子」之相，也與尅夫無關，所謂露骨，也有分寸，不是兩顴不豐就是露骨，必須是平常面上有肉的人而顴骨突出」的才算是露骨，如果面瘦的人，鼻樑見骨，額角見骨，眼眶見骨，腮也見骨的人，則兩顴見骨就不算是「顴露」了。這就是看相需要配合全局看的道理。

關於女人顴相的難看，過去曾有許多爭論過。比如說，前滿末年時，有人說慈禧太后是「顴高」，其實只是顴「大」而兼「露」，所以她一生是勞碌，兇惡兼尅子，從前也有許多人說蔣總統夫人宋美齡女士是顴高，其實是顴「豐」兼「大」；所以她一生是「相夫」、「有福」，但也不免「勞碌」。

女人的顴固然最好是「豐」，即不露骨而「圓潤」；但此係貴相，難得；所以其次還是平常的不豐也不露的好，那就是合於「女子無才便是德」的中等以上福相，因爲她一生靠夫吃飯，不弄權也不勞碌。

就顴論相，女人眞正的尅夫相乃是「顴高」一種，其他顴豐，顴大和顴露三種都與尅夫無關，所謂顴高，不是指顴骨突出或顴位寬大言，而指顴骨的位置言。

女人的顴與男的顴頗不相同；男人的顴以「高」和「大」爲美，以「豐」爲次，而以「露」爲下，女人的顴以高爲「尅夫」也爲惡了，顴的正常位置應與鼻樑中點看齊，略居中點以上的則爲高了。如見隱隱有骨向兩邊上插，那便是顴高之相了。

此相在男人，名為「兩顴插天」，如有鼻相配，則係一生「位高權重」的貴相，但此相若在女人面上發現，那便是尅夫的兇相了，有此相的女人，如果再有其他兇相，則便是俗相所謂的「一年嫁九婿，無婿過新年」的尅夫英雌了！總之，所謂尅夫相的顴高，顴骨應在兩目末端的下方隱隱發現。比平常人的位置只斜上高半寸的位置罷了。同時，顴高的女人其性情雖不如顴大的女兇惡，但其個性亦頗强，這是性情上的特點。因為顴的高低大小，與「權」確有連帶關係，所以一向便把「顴」與「權」同樣看待了。

男人顴高是有「權力」和「魄力」的表示，而女人顴高則是有「個性」和「毅力」的表現。

由於顴有「高、大、豐、露」四種形象，不易為一般人所能分辨，所以看尅夫的顴頗不簡單，就相論，看顴不如看鼻更為明顯。女人尅的夫鼻相就是所謂「鼻削如刀」。相就是指鼻樑形象說的，一般的鼻樑是半圓形，不是「削如刀」。但男女相中却有削如刀的。男人鼻削如刀的，大都性情尖刻，却不尅妻；而女人鼻削的，却性情尖刻而又尅夫的了。女人若鼻削而兼顴高，則一生最少要尅三夫。

因為鼻尅和顴高二事，在面上既不兇惡也不醜陋，所以有的女人看來很夠美麗的，但偏偏有尅夫的不幸。僅就面貌說，鼻削和顴高二者，算是女人尅夫的典型相，有此相的，尅夫之痛必不能免，例外也很少。除這兩個形象外，還有一個「聲相」，那就是「刺耳」的聲音。

就聲相來說，男女也有不同甚至完全相反的地方，男子聲音以「洪亮」為佳，而女子則宜「柔和」。聲音有所謂「音調」和「音色」。有某種高音調和低音調的，以及某種音色，使人聽來覺得莫明其妙刺耳的，這便非佳相無疑，男人有此聲音的，大都一生「破敗」無成，或是最後「惡死」；女人有聲音的，則大都難免有尅夫」和「哭子」之痛！

刺耳的聲音有二種：一種是「屬金」一種是「屬木」的。有的女人尅夫，其夫死於「正寢」，也就因通常的病痛而死的，那就是「屬木」的刺耳聲；如果是「屬金」的，則其夫以死亡大都「死於非命」或「客死他鄉」的。

有個友人的表嫂鍾太太，品貌很美，性情也頗中和。但親戚朋友們總覺得她聲音不好聽。所謂不好聽也就是「刺耳」。她是抗戰前在北平和友人表兄鍾先生在北海結婚的因爲他們倆都是北平市政府的職員，舉行婚禮之後，新郎新娘都曾向來賓報告兩人戀愛的經過。

第二日友人跑來告訴我，說昨天他的表兄鍾某結婚，有人會看相的，說新娘有尅夫相；但依親戚和朋友們的俗眼看來，不像會尅夫的，要我有機會時，多帶一二位對相理有興趣又有研究的人，再替她看看。

我就問他，那位看相的有沒有說她是什麼毛病？他說：「是說她的聲音有毛病。」

我問：「你們也覺得她的聲音有毛病嗎？」

他說：「也稍稍覺得的。」

我說：「你們覺得什麼呢？」

他說：「覺得他的聲音有些特別，有些刺耳朵似的，但也說不出其所以然來，有時也不覺得什麼。」

過了幾天，朋友就帶我們和這一雙新婚夫婦見面了。事先友人已經告訴我，他倆一對夫婦自已並不知道有人說她有尅夫相的，所以只要我們看看，不說什麼。

那天我他們是在中央公園裏吃飯的。飯後他們倆新婚夫婦先走，我們就留在那裏聊天。那天和我一道去的是陶先生和柳先生，二人都曾向釣金鰲那裏學過看相的。

陶柳兩位先生都同意新娘確有尅夫相；同時也斷定這尅夫相關係於聲音。但對新娘尅夫相雖然確定了，而連帶發生一個問題却不能解決。那就是如果新娘要尅夫，那末新郎的鍾先生應當短命才是；而且當時新娘的聲音也認明是「屬金」的尅夫聲，丈夫應死於非命；然而，鍾先生却絕無橫死之相，那又當如何說法呢？

後來事實上竟然這樣；他倆結婚不久，因鍾君另有所歡，兩人宣告仳離。第二年因鍾太太變爲賀太太。第四年抗戰發生，賀先生是在軍隊中當軍需，被敵機在平漢鐵路上掃射陣亡。

在抗戰期中，賀太太變爲史太太，史先生是在銀行界做事，她想她的丈夫不會橫死了，她也不會和丈夫分離的。但在共產黨渡江前，史太太先搬到台灣，史先生又回到上海搬運財物；想不到最後一次離滬時，在那艘觸礁沉沒的船上，史先生却又死難了。

前幾年史太太已經回去上海，依相論非到五十歲還要尅夫，但不知近狀如何。

十五．正桃花偏桃花相中有分別

有一年在北平，隨一個友人八旗人那成全到前門外玩天橋去。在看完一場雜耍之後，那成全碰着兩位朋友，他給我們互相介紹，我知道他倆是同胞兄弟，姓端木，兄名端木觀，弟名端木銘，兩兄弟當時都在北京高等師範讀書，因爲兩兄弟年齡只差一歲，所以也是同年同級同學，只要再過三個月兩兄弟都要高師畢業了。因爲那成全有一個幼弟和他們同學，所以他們很相熟。那成全大他幼弟那子彬二十一歲，端木兩兄弟好似比那子彬更少一兩歲，因爲他倆都以兄長之禮尊敬那成全，而那成全也以幼弟視他們。

相見時，那成全就問他們：「老二的事情有了決定沒有？」

端木觀答說：「他自己猶豫不決，我當然擁護他，他肯決定，家庭也不會有什麼問題。」

那成全就笑對端木銘說：「老二這婚姻大事，俗語說『姻緣天註定』，如果你自己沒有把握決定的話，還是讓命運去決定最好。」

他又對乃兄端木觀說：「老大！你贊成不贊成？如果贊成的話，隨便老二去看相或是算命都可以，我和齊先生都可以帶你們去相熟的命館，替你們仔細看一看的。」

原來當時端木兩兄弟發生一件困難的問題。老二和一位女同學梁小姐，戀愛已經成熟，女家父母要求畢業前訂婚，待畢業時結婚；因爲梁小姐有個弟弟今年要結婚，按俗例，家中一年之內有婚嫁的話，理應先嫁後娶，才是吉利，所以梁家很急，梁小姐先嫁三四個月，然後再娶新媳婦。

但有一件事與端木家長的意見有衝突，端木家也有主張兄先娶弟後娶，所以不贊成在老大端木觀未娶之前老二端木銘先結婚。這正是男女兩家正面衝突的問題。端木家比較老派，說是梁小姐要急出嫁的話，就嫁給老大。否則老二和梁小姐就要替老大覓個對象，兩兄弟同日結婚也可以。

這個問題把他們兩兄弟和梁小姐三人難倒了。依老大的意思只要老二自己有決心愛梁小姐，要梁小姐，他自己絕對贊成老二先結婚，而家庭也絕不至有若何强力反對的。但老二自己却又猶豫不決。因此那成全就向他們建議，如果自己不能決定的話，就要請教命相先生去代爲解決最爲簡單。這建議老大贊同，他願意老二先行結婚，自己壓後。

那成全就向他們的建議說：「這裏看相有個張鐵嘴，是齊先生相熟的，算命有個天乙館，是我相熟的，隨便老二要看相就看相，要算命就算命，讓他們從命理上替你們作個決定，你們也可以把此事告訴家長的。」

因爲那成全對於命運之事最有興趣，所以又向他們游說道：「想你倆過去沒有機會看相算命，當然不知命相之事的奧妙，今天不妨試試看，也許會使你們五體投地，以後非相信命運不可的。」

爲着好奇，端木兩兄弟就贊成去看相，一會，我們四個就走進張鐵嘴的舖頭。張鐵嘴是家母舅的朋友，我自幼就和他很熟的。我就把端木兩兄弟介紹給張鐵嘴，說他倆是同胞兄弟，兄長一歲，弟少一歲，請他看看兩人的喜訊幾時重，幾時可以結婚，妻宮如何。

張鐵嘴睯睯看看兩人之後，照例先向老大問問年齡和生日，就說：「就俗眼看來你們兩兄弟的面孔好像是一樣的，但就相術看來却大有不同。你今年只有『功名』的喜訊，並無『成家』的消息，你非等到廿五歲之後，不能結婚。而且你今年在婚姻上還有不如意，大概你的女朋要和你鬧脾氣。」

端木觀聽見張鐵嘴這樣說，就向他申辯說：「先生，我並沒有女朋友，你說的是以後之事嗎？」

「別的事我也許會萬一看不準，但關于男女桃花運之事我萬不至看錯的，」張鐵嘴又解釋說：「依我看來，你目前有個女朋友，但因不是正桃花，所以你們還沒有公開吧了；不過，就在這近三個月內，你們的交情就要被人破裂的。」

老大一聽到張鐵嘴說「不是正桃花」，立即面紅耳赤，不好意思再不承認了，只好點點頭，勉强笑笑地。

接着張鐵嘴對老二說：「你今年有兩喜，一是『功名』喜，一是『成家』喜；雖然你是老二，他是老大，但你今年非先結婚不可。你今年是正桃花，不能錯過這機會，因爲人一生並無偏桃花，所以你的妻宮甚佳，妻賢且美，毫無疑義。」

張鐵嘴說到這裏笑對我們說：「包你們今年有喜酒飲的。」

我們離開張鐵嘴舖頭，走在路上時，就追問老大，到底張鐵嘴剛才所說的是如何情形。他搖搖頭說：「那是他說不對的，我並無此事，大概是他看錯了的。」

十六：妻賢財足命中財庫藏不露

我們相信張鐵嘴的相術，不至於把端木觀的相看錯，因爲他既把老二端木銘的事情看準了，而且是說老大乃偏桃花，有兩個女朋友，當然是老大不好意思承認的。於是那成全就又建議說：「老大！如果你有胆的話，我請你再去天乙館去算算命，如果你說的和張鐵嘴一樣的話，我就要勸你小心，切不可與命抗衡，因爲走偏桃花的運氣，是不好的。」

此時端木觀心裏也在矛盾，自己明白自己的事，也希望能在算命上得到一個確定性的判斷，讓自己作個抉擇。於是他同意到天乙館去算命。此時我們就一同向北走了幾步進入天乙館。天乙館主人蕭二爺，是那成全的老朋友，那成全爲怕端木觀難爲情，在路上時，就把端木觀的出生年月日時查好了，於是就報出一個八字說：「男命，二十三歲，九月十九日辰時生。」

時辰八字排好之後，那成全又對天乙館算命先生蕭二爺說：「這八字是我的一個親戚八字，在天津做事，他的父母托我來問你，今年明年想叫他成親好不好？因爲他已經和表妹訂了婚的。」

那成全特意這樣說，我們都知道他有意給端木觀能夠以第三者的立場接受命理的批判；其次也讓算命先生可以不顧忌地隨便說好說壞。

蕭二爺看了八字就對那成全說：「你說此人已經和他表妹訂婚了，但八字上看不出他已經訂婚了的。這一年來他只是走偏桃花運，交交女朋友是可能的，但不會成婚。依他的八字論，要到二十五歲以後才能結婚，婚姻也很美滿，因爲他命中有財庫，而且藏而不露。你要告訴他的父母，今明兩年不宜結婚，結也結不成。照理，他今年有「妬合」，又是『爭合』，恐怕有兩個女朋友在那裏相爭，好在這只是流年不利，再過兩三個月就會把這不好流年度過去的」。

「他現在所謂妬合的兩個女朋友到底是怎樣的女子，可以看得出來的嗎？他們之間已經到了什麽程度了呢？」

那成全乘這機會要從算命先生的口裏，揭破端木觀的秘密。他問的時候我們大家都在微笑，也替端木觀有些難爲情。

當然，端木觀自己比我們更緊張，他本來不曾想到算命的會把人的秘密在八字上可以看得出的，但因蕭二爺剛才所說的却準了，心中就不能不有多少不安了。

天乙館主人蕭二爺想了一想，微笑地說：「一個人在不好的運氣裏，所遭遇的和所做的都不會有好事；你如果是在天津，那兩個女人可能是名舞女；若是他在北京，那兩個女人可能是官家的姨太太。」

說到這裏，端木觀雖然勉强裝作鎮定若無其事的樣子，而小白臉却不爭氣地浮起了一陣桃色的紅暈。我們當然也不好意思去正視他，也只好裝作沒有看見他的樣子，因爲我們還聽算命的說下去。

「至於他們中間到底發生了什麽程度關係，依八字看，此君是一個很有前程的人，中情也很忠厚，妻宮甚好，諒不至於有何缺德之舉；但是由于今年流年欠佳，才有此種野桃花事件發生，好在此君德性篤厚，把握頗好，否則於三個月前就要發生桃花刼煞的災禍的。」

蕭二爺又看看八字扣扣節氣，顯然有個新發現似的說：「好危險，好危險！你務要設法通知他，由今天起，十五天以後，三十天以內，有一個桃色陷阱，在這時間之內，切不可再和那兩位女人接觸了，否則將有相當嚴重的災禍發生。」

「大約是什麼災禍？」端木觀頗有驚惶之色，很急切的追問。「什麼災禍？依我看來？」

蕭二爺搖擺他的頭，作出推斷說：「如果那兩個女人是舞女，將是舞客和他爭風吃醋，於他不利；若是那女人是官家的姨太太，那怕情形更嚴重，雖然不至有殺身之禍，也難免身體出血又有牢獄之災的！」

「眞的嗎？」端木觀突然面無人色的對算命先生說：「她們約好了我，於下月半學校放假，請我到北戴河去玩的，今天起我不再和她們見面，可以免此災禍嗎？」

「噢，原來這八字是你的！」蕭二爺看看那成全，也看看我們，笑笑地說：「你本人既在此，好極了，我們可以問個明白，說清楚。」

「是的，多謝你，你把我過去和她們關係的事說得一點也不錯，她們倆確是官家的姨太太，我和她們也還沒有發生過關係。前幾天她們約我下月半去北戴河住兩天，我也已經應了她們的約。」

此時那成全便得意地笑道：「危險極了，今天幸兒我們來這裏算命，否則你下月半就要出事了，爲了女人聲敗名裂，又有牢獄之災，妨害了學業，何等危險的事！」

原來端木觀那兩位女朋友，是兩位北京政府要員的姨太太，於今年初在一宴會上認識的，官僚政府要員的姨太太，大都是名妓出身的，碰到小白臉的大學生，當然要鍥而不舍地向他迷而且惑，引而誘之了，好在她倆都是北京八大胡同的名妓出身，現在又是政府大官員的姨太太，還不太敢浪漫；而更重要的是她們兩人同日認識端木觀，彼此又是舊日青樓的姊妹，彼此之間有了互相牽制也各有顧慮。當然這與端木觀本人的性情和命運也大有關係；因爲如果他是一個不好的青年，或是命中的流年不是「姤合」而是「淫合」的話，那不免早就「男貪女愛」了的。

現在既然蕭二爺把端木觀的命運看準了，他自己就不能不自供地把此情形一五一十說出來了。算命先生當然勸他一刀兩斷不再和她們來往。不過爲着防患「最毒婦人心」的危險，不欲引起對方的老羞成怒，所以算命先生對他說：「今天你既然從命理上發現了這災難，當然北戴河之遊不會去了，那末也不必就無理由的突然和她們斷絕往來，因爲她們既是八大胡同的名妓出身，眼前又係官姨太，也不宜太得罪她們，如果她們老羞成怒，恐怕於你不利的。」

那末將如何是好呢？這是當時大家所集中考慮的問題。

「在下月半以前無妨依舊和她們敷衍敷衍，到了下半月，託辭到天津去或是生病不去，好不好？」老二端木銘就提出此種對付的辦法。

「這辦法行不通，」端木觀解釋說：「我若說去天津，她也要跟我一道去的；我若說生病，她也會想辦法來看病的。」

於是天乙館主人蕭二爺就提出主意說：「我有個最好的辦法，一兩天內你見到她們時，就告訴他們說，算命的說你下月有災難，又說你有不好的桃花運，所以不去北戴河了；如果她們不信，你可把你的八字告訴她們，讓她們去問算命的，因爲她們都是相信命運的，她們一去問算命的，她們就不會怪你了。」

過了兩天，端木觀果然依照蕭二爺的辦法，把命中下月有災禍的事告訴了那兩位姨太太。她們當然不相信，就問他是那個算命說的？他告訴她是天橋天乙館說的。果然她倆向端木觀問明出生年月日時，說是要請別人重看一看。

第二天，東安市場裏面的鬼谷居命館，來了兩個年輕的濶太太，報出一個男子的八字，說是這男子是她們的弟弟，大學快要畢業了，家裏要他結婚，而她自己要想去日本留學，請給他看看，到底先結婚好，還是先去留學？同時原擬下月半要和一個女同學訂婚，這婚事成不成？

鬼谷居算命先生看了八字之後，就說：「此人今年大學畢業之後就有事做，因爲他過了兩三個月，剛好脫去桃花運，而又有兩度喜訊，看來一度當是大學畢業，一度則是出來做事的。因爲今明兩年沒有『驛馬』，也沒有『紅鸞』，所以他在這兩年內，不會出國留學，也不會結婚的。」

「那末，下月半訂婚之事是不成了嗎？」兩位太太之中有一位這樣問。

「是的，不要等到下月半，這訂婚之議就會告吹的；因爲他今年流年不利，是偏桃花，假桃花，不會有結果的！」

算命的又詳細看了八字之後，又說：「下月半不特不會有訂婚的喜事，如果勉强要訂婚，恐怕還有因妬合所引起的災禍。」

「到底是什麽災禍？」另一位太太問。

算命的說：「因爲命中有妬合，恐怕因爲那女子另有男朋友，爲了爭奪愛人，所以暗中對他不利的舉動的，所以，與其訂婚必定不成，不如早些向女方表示罷論，免得意外痲煩，比較更爲妥善的，此事要請你們自己決定了。」

兩位年青的濶太太，離開東安市場的鬼谷居，又驅車去前門天橋到天乙館那裏再問一問。天乙館算命先生一看那八字，就記起前兩天算過的那成全朋友楊木君的八字。於是，他除和鬼谷居說的大體相同之外，又說：「依命理看，此人有兩個女朋友向他爭奪，而又有人與他爭奪那女朋友，因而此爭彼奪，便不免伏下危機了。如果他不肯馬上與那女人斷絕關係的話，下月半起七天之內，就有橫禍從天而來的。」

「這橫禍到底從何而來？是單單對他本人，還會涉及別人呢？」兩位太太這樣問。

算命說：「禍從女人而來，當然也涉及女人。他自己有傷害身體以及牢獄之災，至於那女人被牽涉的情形如何，沒有看過她們的命，就可不得而知了。」

此時有個太太就問：「何以鬼谷居只說他姤合關係，有男人和他爭奪女友，而你却說他有兩個女朋友，而說此禍乃由女人而起呢？難道是女人對他有何不利的陰謀？」

算命先生答說：「這也許是鬼谷居沒有詳細告訴你們，也許我就是天乙館和鬼谷居不同的地方，依我看來，現在你們家人已經發現了這事，當然會設法阻止他不再和那女人接近，就他的命運來看，因爲他下月三十日就脫去了惡運，交入好運，所以這災禍是可以避免。雖然可以避免不至於發生，但將來也可以從女人方面打聽得知，在下月半如果他們還在一起的話，將有什麽事故要發生的。」

由於鬼谷居和天乙館都同樣作此判斷，端木觀和這兩位姨太太果然暫時離開，北戴河之遊也作罷了。後來知道，這兩位姨太太的官老爺，官官相會，知道自己的姨太太和一個小白臉大學生親近的事，早已預備了兩個人，要乘她們和端木觀遊北戴河的機會，計劃在路上尋仇，把端木觀打傷之後，再把他拘到警察局去的。

端木觀後來事過之後，對於命運之事眞如那成全當時所言的五體投地的相信了。有一天他自己單獨跑來天乙館請問蕭二爺，前次曾說他「很有前程」，又說他「妻宮甚好」，要請蕭二爺詳細再替他看看後運對此二事如何？

天乙館重看了他的八字之後，就對他說：「你前次之所以能夠避去女人的災禍，完全靠着八字的『妻宮』得位又兼『貴人』，所以縱因流年不佳，遇到桃花刼煞，只是一時懵懂，而不至於受害的。」

端木觀就問：「妻宮得位又兼貴人到底有什麽好處呢？」

算命說：「就是所謂妻賢財足了。因爲八字中妻就是財，財就是妻；妻得位就是有財；妻宮有貴人，也就是妻賢的意思。」

關于命理對一個人的妻賢財足的看淸，大都以「財庫」的有無和藏與露爲判斷。有財庫的人，多半有財氣，沒有財庫的人，多半平平無奇，得過且過，有財庫還有藏與露之別。財庫以藏爲佳，以露爲欠。這一般看財的方法。

至與以財看妻，又有不同，一般人大都可得「妻賢」而不易「財足」，所以不能另板的以看妻看財。主要的還是本身是否「需要」或是「承受」妻財之助。需要不一定承受；旣需要又承受，那就得妻必賢；若需要而不承受，那就是夫妻不睦，甚至有許多不幸的事件了。這是命理上看妻看財微妙的地方必須注意的。

十七・梁士詒任官尅子有相睇

清末民初在北京政治舞台上紅極一時的梁士詒，是廣東三水人，因爲幼時他家裏曾請一個精於命相之術的和尚替他看相算命過，而後來他却不依和尚所指示的，應當在二十一歲中了舉人之後才可結婚，而偏在中舉人之前十八歲就結婚，所以後來才有許多妻宮子息上的不吉事件發生，這些情形已在拙著「命相奇談」中的「大富無鼻不算富」一段中說過了，梁氏因爲二十一歲得中舉人之事被算命看相的說準了，所以一生很是相信命相之事。

二十一歲他中了舉人之後，立即準備明年入京會試，所謂「會試」，就是將各省考中了舉人的於第二年集合在北京由禮部會考。會試上的叫做「中式」，便是「貢士」，然後再參加「殿試」，由皇帝親身主持殿試，因在皇帝殿中舉行考試，所以叫做殿試，殿試合格的就是中狀元和進士了。

梁士詒當時滿心想明年可以會試成功，同時希望殿試也能奏捷的。但他問家裏人，從前那個和尚有沒有說那年可以中進士或是中狀元。家裏人說當時和尚只說二十一歲有功名，並沒有說第二年可以中進士。既然沒有說明，他就不能不盡人事準備入京會試。入京時他曾先到廣州領取入會試的文書，他就去睇相，看看自己今年功名如何，看相先生說他今年有「驛馬」，又有不如意之事。

他問：「既有驛馬，則此驛馬到底走向何方呢？」

睇相的說：「向北走。」

這一下就使他驚奇了。因爲幼時和尚替他看相算命時他自己年幼還不知道，這一次算是他自己第一次看相的，他想，論方向有東西南北四方，看相的，竟然就會說出他自己所要準備去的北方，這眞是奇怪了。

於是他又問：「我正想到北京去會試，請你詳細替我看看我今年會試能馬到成功嗎？如果不能如意，我就不去了。」

看相的說：「功名之事，常與祖宗和自己的積德有關，在相上有有時看來有功名，却因爲你今年有驛馬，而且驛馬已經在動了，你就想不去，也不可能，非去不可的。」

其實，看相先生已經看出了他今年功名不如意的，但因梁士詒有缺德的事而功名告吹了；有時看來不像有功名，不一定是指功名不如意，或者有其他的事不如意，而功名之事却也不一定，所以你還是準備去罷，因對他說要進京會試，看相的知道他乃是一個舉人，就不敢去拂他的意，直說他考不上；一則因爲功名之事也確然與積德有關，在廣州時看相雖然有不如意的氣色，但由廣州到北京，要走月餘日的路程，如果遇到機會，在路上行善積德，到了北京時會把氣色改變的，二則，他看梁士詒的驛馬已動了，便當起程北行，乃是順遂之事，如果說他功名不成，眞的他不去的話，該動不動，反而有更不如意之事發生的，所以看相的仍勸他成行。

梁士詒心中也明白看相的話一點也不錯，他進京的事已領了文書，就是明知不中也不能不去的。

於是就問：「我們有沒有辦法確實知道此次會試的成敗呢？」

看相的說：「就氣色言，現在距離會試的時間尚有三個月，其中可能因積德變好，也可能因作慾變壞，所以此時預知尚不可靠，你到了北京時再去看一看，那時候是可以明白的。」

於是他到北京的第三天就去前門外看相算命匯聚的地方去看相，這是他第一次到北京的，當然要隨別人一道的，在前一天，他就聽說這最近一月中，前門外命相的生意特別好，因爲全國舉子都來北京應試，個個都要看看相和算命。不特舉子本人要看要算，因爲進京考試的舉子大都是二十歲左右的少年，各省來到北京，路途旣遠，水土又怕不服，所以稍爲有錢的人家，大都派人陪同子弟上京的，這班人難得到北京，自己雖不求功名，因爲北京命相乃聞名全國的，他們乘此機會也就樂得爲自己的前途或家裏人，甚至有人托他們到北京算算命、卜卜卦的。

有人告訴梁士詒說，如果要看相的話，比算命更便利，不用自己走進相命館去，只要在門口走走站站，因爲看相先生一看，就知道你是來考試的，如果你本科會中的話，他會先招呼你，說你本科必中，不中讓你打他的招牌，甚至不要你先付錢，只要你寫個姓名地址就可以的，如果他們會看看你，而沒有招呼你，那末你就可以預知這一次的功名沒有什麼成功希望的，於是梁士詒到前門時，就依照他們指導的辦法，和同來考試的一共三人，就在看相館門前踱來踱去了。

果然好奇怪，他們三個人那裏踱了還不到十分鐘，就有一個看相佬對他們招　生意說：「請來看看相，預先知道自己功名有望，文章就會做得特別好的。」

「是的嗎，你看得出我們是來考試的嗎？」他們三人中有個姓田的這樣說。

「不特可以看得出你們是來考試，已經看出了你們中間誰考得上，誰考不上的。」看相的又說：「今天我不要你們的錢，只要你們留下姓名地址，發榜了我到你們那裏去賀喜也不遲。」接着他就要姓田的寫下姓名地址。

「你看他是考得上了？」梁士詒這樣問看相的。

「是的他不特會試榜上有名，入翰林院的榜上也是有名的。」

「眞的嗎？我要多謝你的金言了！」姓田的眞是喜到快把眼淚流出來了。

接着看相的又和姓田說了許多關于相上的話，他們只聽見他能入翰林院已太滿意了，其他的話並不去注意了。

「你看我怎麼樣？」另一個同行姓谷的這樣問。

「你比他差一點，會試有名，但不能入翰林。」

「幾時可以入翰林？」姓谷的半得意半失意地再問。

「幾時？」看相的一面先請他坐下，又一面向他取了潤金之後，說：「你不會入翰林院，明年秋季，你就會被派當知縣的。」

此時梁士詒就搶過去問：「我幾時入翰林院？」

此時姓谷的已經立起來了，梁士詒就坐下去。

「你？」看相的看了他又看，笑笑地說：「你確然有翰林院的相，但時間還早，要等到五年後二十六歲才有希望，今年是不如意的。」

「什麼？要等到二十六歲？這是什麼道理？」

梁士詒心中十分難過，因爲這話和廣州那位看相所說的「不如意之事」，竟然相同了。

看相的說：「你要我說道理，我也說不出來。要說的話，就是你的驛馬還在動，而且是先由南來北，不久又要從北回南，所以你今年功名是跑去了的！」

過了兩天，梁士詒偷偷地獨自一個人又跑到前門外去。他想另找一家看相再看看如何。此次他不再在門口踱來　去了，他直走進相館去。他只問最近兩個月內會不會到別的地方去。

看相的說：「你不是到別的地方，而是要回家去的；但你過了兩年還要來。」

梁士詒就問：「過兩年我再來做什麼？」

看相的笑笑說：「你今年來做什麽，過兩年也來做什麽。」

梁士詒就也裝起笑臉問：「我今年來做什麽你看得出來嗎？」

「當然看得出的。」

「什麽事？」梁士詒問到這裏心裏在想：「他剛才說我『今年來做什麽，過兩年也來做什麽』，這不是明明的說我今年考不中，過了兩年再來考嗎？那末，過兩年我考中了的話，也不過二十四歲，何以前兩天那個看相的又說我要等到二十六歲呢？

他正在追究這問題時，看相的說：「你來做一件半如意半不如意的事。」

「什麽叫做半不如意的事？」梁士詒很急的要問明白。

看相的又笑笑地說：「我們看相是要說實話的，說了請你莫見怪；你今年雖然考不及第，但過兩年你還可以再來，這不是半不如意又半如意嗎？」

「眞的是考不上的話，那我何必多此一舉，索性不去考，等到後年考得上來考，豈不是好嗎？」梁士詒向看相的提出此種意見。

看相的却這樣對他解釋說：「一個人那一年要落第，那一年能及第，在相上都已注定的，應當及第的不能使它落第，同樣理由，應當落第的，也不能不過落第的運，所以你今年明知落第也不能不考的。」

於是梁士詒就虛心下氣地說：「那末依你看，後歲我是可以中式的了，是否就可以入翰林呢？」

看相的說、「功名之事，與平日積德大有關係，此去還有兩年時間，你此去還要多積德，下科當無問題；但如果不積德，那我就不敢担保了。」

看相的又想一想，停一停，繼續說道：「我不是向你拉生意，你後年再來北京的時候，讓我先看看你的氣色，我就可以明白你的功名前途；不過，我想，你可能不會在考前來看我，要等禮部發榜之後才來看我的。」

「要來看你，總在考前，若在發榜之後，我就沒有空，也沒有要來看你了。」

「是的，依情理言確是如此；」看相的說：「不過，還有兩年的人事變化，如今我只能看出，你到了後年，必定另有事故會來看我的；因爲我今年把我的事斷準了，我相信你對我的判斷有了信用的。」

那年是光緒十六年，歲次庚寅，梁士二十二歲，進京會試果然不中下第回來。因不第，第二年他頗縱情酒色，原想納妾；因爲他與元配結婚四年了尚未生子，在前淸舊習慣，中了舉人，就有納妾的資格，元配三年不育，更可以納妾的。

本來像梁士詒這樣情形是可以納妾的。但因家人曾聽過其他算命的都說梁士詒的八字，妻宮和子息欠佳，不宜太早結婚，更不宜太早納妾，而且在功名未顯之前，也不宜接近女色，但梁士詒却偏偏喜歡女色。因此，家人對他納妾之事大加反對，認爲納妾必須在進士入翰林之後。

因爲會考是每兩年一次，所以又過了一年，即是光緒十八年，歲次壬辰，梁士詒二十四歲那年，他又上京應試。

當時他滿心以爲今年會試必中，同時也怕算命看相的又說他不利的話，所以他此次到了北京就不去看相了，他原想等到會試中了發榜之後再去看那個前門外看相的那位谷先生，因爲這位看相先生，前年曾說過，今年將另有事故要去看他，而今年梁士詒自己心想，確有兩件事要去問一下；一件是子息問題，因爲元配結婚六七年沒還有生育過。第二件是納妾問題，今年是否可以納妾？今年所納之妾是否就可以生子？當然他也還對官運問題也需要問的。

事情眞是想不到，他自己相信今年會試必定成功，而考試之後，竟然又是榜上無名再告落第，這一下如使梁士詒氣壞了肚皮，發案的當天，他氣蓬蓬地跑到前門外那個前年替他看過相的姓谷的那裏，起先看相的還認不出他，他看出看相的認不出他，於是他就請爲他看看功名之事如何。

此時梁士詒忍着氣對看相的這樣說：「今天會試中式發榜，我已經考上了，現在請先生替我看看，殿試我也還能順利及第嗎？」

看相的看看他的相貌和氣色，便微笑地對他說：「孝廉公舉人先生，你的功名下科再來，今天你已榜上無名了的；但後歲再來，你必及第無疑。」

因爲明清之際，俗例尊稱舉人爲「孝廉」，看相的從氣色上看出了梁士詒是會試落第的人，所以一開口，就斷定是會試不第而仍是一個舉人；否則，會試中式的是稱「貢士」，他就應當稱貢士大人或貢士先生的。

梁士詒看見看相的竟然能看出他的身份，便不得不以實相告，說自己今天確是榜上無名；但前兩年曾到這裏看過相，谷先生亦會說他今年得中，何以今年又落第了呢？看相的被他一提起往事，似乎依稀有些記得，但前年是何情形，却已經記不淸楚了。

於是看相的就說：「是的，你說了我倒有些記得，但我當時怎樣說，已經記不淸楚了，你記得嗎？」

「我還記得的，」梁士詒說：「你那時曾說我，那年雖然考不上，但過兩年可以再來，所以你說我前年來北京是一件半如意半不如意的事。」

看相的問：「我還有說你什麼沒有？」

梁士詒說：「有，你先說我今年來北京什麼，過兩年也來做什麼。」

說到這裏，看相的把前年的事完全記起來了。

「是的我記起來了，」看相的說，「你是會試前來看我的，我是斷你那年考不上，是嗎？但是，我只說你過兩年即是今年還可以再來考，並沒有說你今年必定考得上，對嗎？」

「是的，你當時雖然沒有說我今年必定考得上，但也沒有說我今年又考不上，這不是你們江湖手法，模稜兩可了嗎？爲什麼你不明明白白地告訴我呢？」

「舉人先生，請你不用生氣，聽我解釋我的理由。」看相的說：「如果你今年必定及第，我前年應當明白告訴你；但你今年又是落第，我們在責任上就不該明白告訴你，恐怕你聽了喪志，甚至發生別的事故；所以我只能用些帶有玄妙的話告訴你，讓你們自已去推詳的。」

「前年你也不會用什麽玄妙的話對我說過的。」梁士詒質問他。

「有有，舉人先生，只是你不曾細味那句話。」看相的說：「我不是說過，你那年來北京做什麽，過兩年也來做什麽嗎？那末，我這話就是已暗示你，今年你又考不上的了。因爲那年你來北京做的事是會試，不第；今年做的也是會試，不第；這豈不是證明了我說的並沒有錯嗎？」

聽到這裏梁士詒才完全明白了看相先生前年所說的話的意思確然不錯。於是他聯想到前年替他看相的也說他的功名要等到二十六歲，就是後年的會試。因而他就問：「那末，現在請你再給我斷一斷，到底後年我再來會試是否有望呢？」

「毫無問題，保你中進士，入翰林。」看相的又說：「後年甲午年，你二十六歲，運行左額，必定功名顯赫，得中進士，選入翰林，但功名之事只此而已，將來你官居一品有份，但狀元榜眼探花的三甲却無份，因爲你天倉不夠豐滿，祖上和你自己積德都不夠大。」由是梁士詒就轉入問到另兩個他心中所要問的問題，一個是子息問題，一個是納妾問題。他就說：「現在我想請問一個問題，我已結婚好幾年了，還沒有兒子，請你給我看看我的子息如何？」

他又補充說：「聽說我少時在家裏曾替我算過命，說我要在二十一歲先有了功名之後結婚才好，但我又在十九歲結婚了，是否因爲這個原因，就這樣不能生子了呢？如果元配不能生子的話，幾時可以納妾呢？」

看相的把他看了幾眼，就說：「是的，算命所說的沒有差，因爲你的妻宮和子息都不好，太早結婚不利子息；所以需要等到廿一歲中了舉人有了功名之後，可能心身比較成熟，不至因房事過度而斷喪元精的。」

梁士詒說：「我們鄉下人，要早生子就要早結婚，有的要趕做五世同堂的，十五歲年頭結婚，年底就生孩子了，我十九歲才結婚。心身有何不夠成熟呢？」

「其中有個道理，不是你們年青人所懂得的。」

看相的說：「古語有句話說：『寡慾多生子』，不貪女色的人，早些結婚倒不要緊，若是年青而好女色的，就難免既喪自身的元精，又對妻不利而且尅子息了。」

梁士詒聽到這裏，臉上一紅，自己心中明白，就不再說下去了。

「不過，你的子息並不是沒有，只是有所喪失，其中難免夭折而已。」

看相的說：「依我看來，你要尅長子，你的夫人頭生是男孩，但養不活，非尅不可的。」

於是梁士詒就問：「那末，依你看來，這頭胎當於何年生產呢？」

看相的說：「好奇怪，你需要納妾之後，元配才能得胎；長子夭折之後，妻妾又同年得子。」

「眞的嗎？」梁士詒一聽到看相的說他「納妾之後元配得胎」，心中十分高興，就說：「我今明年就納妾可以嗎？」他滿心想早些納妾。

但看相的說：「不行，如果你今明年就要納妾，那末後歲的功名，恐怕又要打了折扣，因爲你的納妾目的在『色』不是求『子』，是有虧陰功的的！」

梁士詒爲着兩次會試會落第了，不能不重視功名，就聽看相先生說的話。果然，過了兩年他在第三次上京會試成功，選入翰林院。他在那年納妾。入翰林並納妾後兩年二十八歲，果然他的元配頭胎生下男孩。也眞的，生下還沒有滿月就夭折了。

又過兩年，三十歲，又如看相所說的妻妾都得子。

十八：胡科長調職搬家莫名其妙

抗日戰爭剛剛爆發那年，我是住在上海公共租界裏的。在戰爭爆發前幾個月，剛是春到江南的時候。我有個親戚胡順元從北平來到上海。他是在北平市警察局裏當科長，此是爲着一個案件要和上海市警察局取得聯絡的。當時他好像有些預感，覺得華北局勢不久會有變化。這當然因爲自「九一八」東北事變之後，滿洲國成立，華北顯然落於被日本關東軍威脅的形勢之中所造成的心理因素。因而他心裏有些打算，如果有機會在上海或南京找到事情做的話，就想離開華北，把一家一共六口都搬到江南來的。

因爲我家住在虹口，他也就住在虹口有名的新亞酒店裏，同時因爲當時上海市政府是在上海江灣，虹口接近江灣，也有種種的便利。

他來滬的第三天下午，我和他從家裏步行到新亞酒店，經過北四川路時，碰着幾個日本海軍陸戰隊，突然他呆住了。他問：「何以這裏也有日本兵？」

原來他不知道上海租界的情形，公共租界名義上說是英租界，而日本却是也有份，並且虹口是屬日本勢力範圍之內，日本僑民大都住在虹口的。我就把租界的詳細情形告訴他。

他一聽，就說：「那末，北平有竹居把我的命算錯了，這地方不是和北平一樣危險地帶嗎？」

由是我記起前幾年他從漢口去北平時，因爲他相信算命之事，我介紹了好幾個北平著名的命相館給他，其中有竹居曹先生是我的熟人，所以後來他們時常見面的。

於是我就問他：「有竹居怎樣把你的命算錯呢？他說上海是怎麼樣？」

「我離開北平前兩天，因想到華北形勢恐怕在這三五年之內難免有變化，所以很想趁此次來上海，看看有沒有機會，轉來京滬一帶做事，就去請老曹替我看看有無南來的機會。奇怪，老曹竟然說我此次去上海就會碰到好機會，使我定心地住下去；而今，好機會還沒有碰到，日本兵却碰到了。我想南來，爲的是要逃避日本兵，在北平我們絕對不會看見日本兵了，我那裏會在這上海謀事住家呢！」胡順元說時，一面搖頭表示事情不對。

一會我們走到了新亞酒店，他就把自己的八字開給我看，這要我給他重看看，到底有竹居有沒有看錯？他自己心中所想南來的事是否可成爲事實？

我把他的八字一看，有竹居算命所說的確然不錯；因爲他那年春天有驛馬，而且只是由北向南之象，而並無再由南回北之象。當時我對此情形也覺得奇怪，因爲胡順元此次乃奉公而來，理當回去報告銷差的，那有從此不回去之理呢，於是我就問他，到底此次來滬公幹，準備逗留多少日子？他說，快則一兩星期，慢則也不超過一個月，就當回北平去報告的。

我就說，論八字，有竹居所說的並沒有錯，回北平的時間還早，現在也不知有何變化，不必着急。

但是他說，不是着急什麽問題，因爲他需要先有一個決定；如果有意在上海謀事，他想去找一個朋友介紹去見上海特別市長吳鐵城，如果不想留在上海，就不想去見吳鐵城了。因爲他這麽一說，我也不敢替他作決定了，過了兩天，我就帶他去法租界霞飛路出名的瞎子算命張燮堂那裏，看看張燮堂怎麽說。也讓胡順元自己好做一個決定。

張燮堂把他的八字一看，第一句話就說準了他是剛從北方來上海，第二句說他要留在上海做事，不再回去北方了；第三句說他在上海也非久居之地，今年立冬之前，還要向西遷移的。頭兩句和我的看法相同，而第三句所說的，我當時還沒有看出來，經張燮堂提出，却也使我明白了，但這話越和胡順元自己所了解的距離越遠了，然而，張燮堂偏是這樣說。

於是胡順元就向張燮堂請問兩件事：第一件是，如果要留上海，是否就要去找人謀事？第二件事是，如果不回去北平，家眷何時可以搬來？

張燮堂對他這樣說：「第一、你的事，是事來找你，不是你去找事，用不着自己去找人謀事。第二，你的家眷，四月立夏之後，你不用去接，就會有人把她們送到上海的。」但胡順元對這話却是半信半疑。

過了幾天，我問他去見吳鐵城沒有？他說見過了，吳鐵城把他批交社會局局長吳醒亞辦理，因爲胡順元不願在社會局做事，所以還沒有去見吳醒亞，這樣又過了大約兩個星期，有一天突然來我家，要我帮他忙給他找一間房子，打算要搬出旅館自己住屋。因爲他旣係單身漢，又不會說上海話，要向上等人家分租房子不容易，所以要我帮忙出面代租。我說這是容易的事，隨處都有餘屋分租的。

但他提出租屋一個條件使我莫名其妙，他要租北四川路底施高塔路。那地方是日本僑民的住宅區，時常有日本兵出入，他怕日本兵，何以偏要住這地方呢？我問他什麽理由，他又不肯說，說是將來會告訴我，我也只好替他租了。

胡順元原是日本留學生，他在北平特別市政府警察局裏是負「外事科」，尤其是對日本領事館有關的事件的。他一搬到施高塔路日本僑民住宅區去住，我就想到他必定是爲查案上的便利的。

後來他告訴我，他本來到上海來是要查一件「運毒」案，那製毒機關是在法租界和華界的一個交界處，運毒的主腦人物是法租界裏的黑社會人物，又與上海市警察局裏的某些人員有關係，所以他只打算在一個月時間內，就要調查明白回北平銷差的。

但事情却來得很奇怪，那運毒案正調查完竣，準備回返北平之際，北平警察又來命令叫他留在上海暫不北返。到底是什麽事呢？原來北平日本領事館是日本對華北的間諜總機關，北平警察局奉到命令調查一個姓崔的上海人和日本領事館中的一位工作人員叫五十嵐的，在上海、天津、北平、瀋陽四個地方，一方運毒，一方面又幹間諜的勾當。又查出那個姓崔的乃與一個開設在北四川路底施高塔路的「內山書店」有關係，而內山書店老板名叫內山完造，是一個在中國知名的日本人，因爲他與魯迅是好朋友，而上海的中國人朋友也多；因此就叫胡順元順便留在上海辦理此案了。

由於此案情形嚴重而複雜，不是一兩個月可以了結，而胡順元若是沒有家眷同住，沒有正當職業，要住在施高塔路區裏，是會引起日本人注意的；所以不久，北平警察局就派人把他的家眷送到上海來了。事情竟然是想想不到地把全家由北平搬到上海，未免太奇妙了。

因爲發生了此種奇妙的事實，以前張燮堂對他所說的「你的事，是事來找你，不是你去找事，」就使胡順元覺得實在妙不可言了。

不久，他把內山書店和崔某關係一案辦好了。本來他應當再回北平的，而他自己也莫明其妙，突然吳鐵城把他介紹給南京一個機構裏當科長，於是全家又由上海向西遷移去南京。

幾個月後抗日戰爭爆發，他全家又隨政府西撤了。抗戰勝利回到上海我們見面時，談起八年前的往事，覺得人生的命運未免太有趣了。

十九：梁啟超命定死時要流血

梁啓超字任公，廣東新會人，是康有為的首席高足，也是民國以後無論在政治上、學問上都是永垂青史的功臣，可說是中國近代的第一流人物。他是前清同治十二年正月二十六日巳時出生，八字是癸酉、甲寅、丙午、癸巳。幼時家人替他算命，說他十四歲中秀才，十七歲中舉人，而二十六歲就有殺身之禍。

家人後來又請一個算命的看，却說他二十六歲若能去東北向就可以逃過災難。但是他的科舉功名止於舉人。家人又問：後運如何？

算命說：「這小孩的八字很奇怪，既然十七歲就已中了舉人，論理中進士應是無疑之事；但他却不再有此功名了。既然不能中進士，僅僅是一個舉人，充其量只能做七品官；然而這孩子將來却有一品之尊，這就不知如何說法了。」

到了光緒己丑年，梁氏十七歲，果然中了舉人。十七歲中舉人無論如何在當時總是了不起的事。也無論他自己和家人，都不肯相信他的功名只止於舉人；狀元、榜眼、探花當然可望而及，最低限度中進士，入翰林想來總是不成問題的。但是，事實上他十九歲上京會試却沒有中得進士而落第了，而且以後也不再應試了。

後來他跟他的業師康有爲攪變法。他二十三歲那年，有名的康有爲「公車上書」轟動了全國。

第二年他在上海創辦「時務報」，鼓吹維新；因此和他的老師康有爲，都名滿天下了。當時上海有個有名的算命先生蔣立言，又號太乙子，曾預言康有爲的「公車上書」只是一件「興頭敗尾」的事，不會成功的。因爲就康有爲的八字論，功名止於進士，官運絕不亨通。所謂「公車」，那就是舉人進京會試的意思，康有爲就在那年上京會試之便，「上書」條陳變法維新的。

算命太乙子不特說公車上書只是興頭敗尾之事，而且預言康有爲那年中了進士之後的第三年，即「戊戌」之歲，會有殺身之禍的大厄。

當時上海報紙把這段新聞登出之後，時務報館裏面的人，因爲梁啓超乃康有爲的高足，大有進退一致，生命一路的關係，若是康有爲有失敗的命運，不是梁氏所創辦的時務報也不能不受影響了嗎？於是他們就偷偷地把梁氏的八字拿去請蔣立言太乙子一看，試試看太乙子能否看出這是梁氏八字，後歲命運有無罣碍。

太乙子蔣立言把八字一看，就這樣說：「此君今年二十三歲，前六年十七歲當已中了舉人；現在名高於位，當是全國聞名的人物。但後年他二十六歲上半年，將另有新事業，也有官運。」

算命的才說到這裏，報館裏的人就問：「這事業，這官運，是否就在上海？」

「不在上海，他後年驛馬大動，非走不可！」太乙子一面搖頭一面說：「這官運和事業都要在北方，不是在北京，就要在天津，必在上海的北向。」

他們又問：「這官運將是幾品官銜？是一帆風順，大有前程嗎？」

「不行，」算命說：「因爲驛馬大衝動，所以在位不久又要變動了。」

說到這裏，因爲當時報館裏有三個人一同去，所以太乙子就問他們說：「本人在不在這裏？」

他們說：「不在。」

於是太乙子就問他們說：「此君將來雖可貴爲一品高官，但後歲下半年却有性命之虞，危險萬狀。你們要勸他，後年他二十六歲，七月交入立秋之後，必須隨時準備應付

『禍從天降』之事發生，如果不早為準備，將有殺身之禍！」

報館裏的人聽見算命的這樣說，雖然他已把梁氏的前途說對了，但對於後年事仍是難免半信半疑；因為既然上半年有官運，那有下半年就會有劇變之理呢？就梁氏此人的為人道德學問言，人緣也很好，似乎不至於會引起有「殺身之禍」那末嚴重情形的。於是他們也只是聽聽說說罷了，且等看後年情形如何再說，也不會把這話告知梁氏。第二年梁氏仍在上海辦報，名聲益震，他也時常到北京去和康有為商討關於變法的意見。此時康氏以進士出身，已任官工部主事，致力變法的計劃。

那年十二月，康有為在京向光緒皇帝上書，請求變法，此時康氏與光緒皇帝頗為親密，光緒皇帝對康梁兩師生甚為禮重。以當時情形看，若是變法之議能蒙採納，他們兩人必係高官無疑。

十二月上書請求變法之後，天津立即開設北洋學堂；第二年即戊戌之歲，正月又在北京開辦京師大學。看來變法是可以實行的了。於是康梁二人的名聲益噪。五月，光緒皇帝詔命梁啓超籌辦「譯書局」。這時梁氏早已離開上海到了北京。報館裏人一得到梁氏任官的消息，才記起去年太乙子算命所說的話已經應驗一半了。

於是報館中有一個姓高的，也算是梁氏的親信，就趁着有一次赴北京與梁氏有事商量之便，把前兩年替他算命的情形告訴他。

梁氏聽見是太乙子蔣立言算的，便笑對姓高的說：「你相信他的話，我却不相信，他說康先生公事上書的興頭敗尾，我絕對不信有此事；而我認為此事就世界的潮流看，和他所說的恰恰相反。」

他更以堅定的語氣說：「因為目前我國是帝制，所以可能不是興頭敗尾，而是『敗頭興尾』；因為極可能一提出維新變法就被認為與滿清宗旨違碍而即被扼殺；但現在看來，光緒帝已全部接納了康先生的意見，而且也已開始對學制和教育準備革新了，這既明顯的是興頭，就是證明我們的意見是適合世界潮流，水到渠成，只要一有興頭，時勢所趨，人心所向，絕不會有敗尾之理的。至于我個人，現在已奉命辦譯書局，我更需要『坐』下來了，那裏會『走』呢！這是無稽之談，不要信它。」

那位親信高先生聽了梁氏這一解釋，覺得也很有理，就不再說下去了。第三天，梁氏要留高先生在譯書局裏辦事，要他在三天之內把履歷三代開出預備辦理委任狀。高先生前兩天聽梁氏說了許多話，當時已經認為有理的，到了此時要他留在北京辦事，又懷疑起來。他記起上海太乙子曾說梁氏今年七月交入立秋之後，就要準備應變逃亡，否則有殺身之禍的危險。於是他不敢就答應梁氏，說是容他考慮一下。

第二天，他跑到北京前門外去找算命館，預備把康有為、梁啓超和自己三個人的命再看一看。

到了前門，他跑進一家渾天閣命館去，因為他昨天在報紙上看見一篇講論命運的事的小文，曾提到在甲午前一年，渾天閣曾預言明年國家有事，並說當時汝昌和聶士成二人第三年的命運有「兵敗身死」之象，果然他們於甲午的第二年乙未歲的正月，因日本海軍攻陷劉公島時都死難了。因此高先生到前門去一找到渾天閣，就走進去了。

他先看自己的八字。渾天閣主人說他在這三十天內「從南方來，又回南方去。」他問，有好友要留他在北京做事好不好？

算命的說，要留也留不住，十四天之內非走不可。

他又問：「回到南方去之後如何？」算命先生說：「立秋後所事有變動，立冬後此身在逃亡！」

「此身在逃亡？為什麼？」高先生一身出了一把冷汗，「我一生不會做犯法的事，爲什麽要逃亡？」

渾天閣算命先生答道：「什麽事情我不曉得，但從八字上可以看出你今年下半年要犯官符，非逃不可。」算命先生想了一想，又說：「你自己雖然不做犯法的事，但可能被牽連！」

高先生又問．「那末是否逃得出關？要向那裏逃是好？」

答說：「逃得脫！由南方向北方逃！」

「要向北方逃？」高先生心裏想，若是因爲康梁之事要逃的話，只有向南方逃，那有再向北方逃之理。

算命的却答道：「是，要向北方逃，否則逃不脫！情形如何，到那時你自己就會明白的。」

接着，高先生就把康梁二人的八字報出去。他本來想一個看完再看一個的，但因他此時聽到自己今年七月之後事業有變化而且要逃亡，就再沒有心緒了，索性把他倆八字一起請算命的看一看，是否和上海太乙子所說的相同；如果相同，那就一切完蛋了，他就要從速回去上海的。

渾天閣主人把兩人八字一看，就說：「這兩位大概就是使你今年受累的戚友了！」

算命的剛說這一句，而高先生急着問道：「眞的他們會有變故嗎？有沒有什麽大危險？」

算命的說：「危險極了！可能他本人還在鼓裏睡，你就告訴他有危險，他們也不會相信的；但是他們的危險已在兩個月前暗中就發作了，他們自己還在得意洋洋呢！」

「先生，請你告訴我，這兩人要在何時有事故？到底有無性命危險？」高先生急着追問一句：「現在肯逃來得及嗎？」

因爲算命的說危險已在兩個月前就暗中發作了，他未免神經過敏地想到前兩月梁啓超的被任爲辦理譯書局，可能就是一種圈套，把康有爲一班提倡變法舉辦新政的人都集中在北京，準備一網打盡的；因爲當時舊派大都反對新政的，所以高先生心裏大有刻頃就會有事變發生似的，要問現在肯逃得來及嗎？

算命的又看看康有爲和梁啓超的八字，說：「逃是來得及的；但看這兩人的八字，都是太自負，太聰明的人，不見棺材不下淚，你現在對他說有危險他不相信，也絕不肯逃，所以還是不要勸他的好，免得無謂麻煩。好在他們兩人都是命不當死，由今天起，三十天之後，就會發生變故的，到了那時再逃，還是來得及。你可不必爲他們担心，還是你自己先回南方要緊！」

高先生看見算命的批評康梁二人的性情說是「太自負，太聰明，不見棺材不下淚，不相信，不肯逃」等等，說得一點沒有錯，便更相信算命所說的話了。於是他就問：「依你看來，他兩人那位名高？那個命大？」

算命先生答道：「這個四十一歲的名高（指康氏），目前他的官職也大；但這個二十六歲的（指梁氏），將來的命更大，有一品之尊，文武官職。」

「他們兩人的壽命都很長嗎？將來也都會善終嗎？」高先生又補說：「這個二十六歲的，我比他大四歲，是我的好朋友，我知道他很清楚，他只是一個舉人，將來何以會有一品之尊，而又會有武職呢？」他似乎表示懷疑。

渾天閣主人答說：「我只是就命運上看的，何以他只是一個舉人而能當一品高官而又能有武職，那是我不能說其理由的。」

算命的又想一想，繼續補充說：「不過，這也沒有什麽希奇，像左宗棠，也只是一個舉人出身，做了一品高官而且統軍。不過你這位朋友不及左宗棠那樣顯赫罷了。至於你問他們兩人的壽命，這位四十一歲的將可活到七十歲開外，而年輕的這位你的朋友，壽命並不太長，只能活到五十歲開外。再論到善終與否問題，年長的這位善終無疑，而你的朋友，死時身體要流血的！」

「要流血！那不能善終了？」高先生這樣驚異地說。

「那不一定就是死於非命，」算命的說：「依我就他的八字上看，他四十五歲以後若能相信命運，順服命運，脫離政海，他就可能免於死於非命的；這一點你可以告訴他的。」

那時是光緒二十四年戊戌年七月初，算命說康梁兩人在三十天之後隨時可以發生變故，雖然算命的勸高先生不要去勸告他們，而高先生與梁氏素有深交，當然不能不說。於是他當天晚上就對梁氏先表示，他自己因家眷在上海住慣了，不願留在北京譯書局做事；隨着，也把渾天閣算命的事，大概說了一些，目的不在使梁氏相信，只希望能使他有心理上的準備，能夠及時隨機應變的。

當然梁氏一如算命所說的，他一味反對算命所說的話，他還對高先生說：「我們這班幹變法行新政的人，是要改變國家的命運，那裏自己還會被命運支配的道理？就是有命運的事，在我們這班人身上也會不靈的。」

奇怪，當梁啓超對高先生說這話的第三天，清廷又有新命令把康梁一派的楊銳，擢升參預新政的議事。當然這明顯的是新政派的一種得勝現象。

於是，當天晚上，梁氏又對高先生說：「這一下你能相信那算命說的話嗎？算命說康先生和我三十天之後就有變故，而現在政府還把楊銳擢升參預新政，政府不是舞台，皇上的詔書更不是兒戲，你想我們的事還會失敗嗎？我還是希望你能留在北京。」

本來高先生對于渾天閣算命所說的話很是相信的，但爲着楊銳的事，覺得梁氏的話也有道理了，堂堂的帝制清廷政府，也有在一個月之內出乎爾反乎爾的道理嗎？他想了又想，越想越覺得這事未免太使他懷疑了。

第二天，他就向譯書局中人，探聽得楊銳的八字，自己還帶了一個譯書局中人姓戴的一道去渾天閣，他把楊銳的八字寫給算命先生的，說是這位朋友要從南方北來謀事，看看他能來與否。

渾天閣把八字排了出來，詳細一看，就說：「此君不是要從南方北來，而早是一員京官了。是不是？請你兩位先答覆我這個問題，以下我才肯說下去，否則我看不準了。」

高先生和姓戴的面面相覷，彼此會心一笑，就答說：「對的，你已經看準了！請說下去。」

「你這位朋友，必定和前幾天看過的那兩位在一起做官嗎？」

「是。」

於是算命的接着說：「危險極了，他大概是你們朋友中間的主腦人物嗎？」

「不見得什麼主腦人物。」姓戴的這樣說。

接着高先生就問：「據你看來，他是否也要和從前的兩位同樣有變故，同樣要逃亡呢？」

「逃？」算命的堅定地說：「從前那兩位逃得了，而他却逃不了的！」

「逃不了？那末後果如何？」高先生問。

算命的搖搖頭說：「本來可以說的，但因他是一位京官，我却不敢說了，只能說他於下月之內有一生最大的事故發生！」

他又補充說：「什麼叫做一生最大事故，想你們心裏會明白的！」

「最大事故當然是死，難道他會死嗎？他只做一個清閑的官，也不違法，那裏會死呢？」

高先生又說：「請你再詳細的看一看，我想，他的事就是會發生變化，也不過撤職而已，不至於有死罪的！若是一定會死，那必定死於突然的病災，是不是？」

渾天閣算命先生聽見高先生這麽說，就輕搖他的頭說：「我說不好，不說又不好，如果你兩位能答應我的要求我就說，否則我就不說。」

「好的，我們一定答應你的要求，你說。」

算命的就說：「請你們兩位答應我，你去勸他在本月內就要逃走，否則一交入八月就是逃不脫了。但是要答應我一事，無論對他本人或別人，都不能說是我算命渾天閣說的；因爲如果他死於病災，我倒何以隨便，要我批下字據都可以；但看他的八字，下月當死於官非刑法，而且是死於『莫須有』，所以我絕對不敢說了；因爲官府他們不會相信我是從算命上算出來，若是說我洩漏秘密，我就當罪不起了！」

那位譯書局職員姓戴的就說：「如果不說是你從算命上算出來，他那肯相信我們的話呢？」

「是的呀，口說無憑，我們怎麽可使他相信呢？」

高先生又補充說：「這位也是我們的好朋友，總要請你特別帮忙，讓我們回去說得使他能夠相信才對，這也是你的大陰功、大陰德！」

算命先生看見他們兩人如此肯替朋友關心，也能如此相信他的算命，就想了一下，說：「既然如此，我渾天閣算命一向是可以批在命紙上，也可以担保應驗的，你要我批一張命紙是可以的，要把批算的日子寫是去年五月批的，當然也不能寫什麽『死於莫須有』的字樣，你們也應當對他說，是去年托朋友批的，因爲我看出他是去年四月才來北京任官的。如果你倆認爲這樣可以，我就可以批一張命紙給你。」

高戴兩位連聲答說：「可以，請你批吧！」

於是算命的就把楊銳的八字寫上命紙，把他的年歲寫小一歲，算是去年丁酉年五月批的命紙算是簡批，只用一張稍舊一點的紙，最重要的是這樣批道：「今年四月由南北方來，喜任京官，可喜可賀，明年戊戌，七月傷官吐秀，喜有新猷，名重一時。但因羊刃七殺，又逢天冲地尅，八月中恐有殺身之禍。如能在七月二十三白露前知機引退，走避東南有水之區，或可幸免於禍，否則身首異處，難逃一刀，但願君子知命，早善自處，幸甚，幸甚！」

高戴二人看了這命紙，十分滿意，就立即跑回譯書局，打算交給梁啓超一看，希望梁氏相信，由他去勸說楊銳。

他們兩人跑回譯書局，找到梁啓超公事稍空的時候，就把剛才他兩人去算命的事告訴他，也把渾天閣所批的楊銳八字給他看。

梁氏一聽他們說到算命的事，便輕笑對他們說：「你們又來談命，相信命運，爲什麽不相信康先生，不相信我？算命的充其量只能算出一個人生前的命運，而我們能夠創造國家以及千百世的命運，爲什麽反而不信呢？難道康先生和我諸人還比不上一個算命先生嗎？」

「並不是這樣意思，」高先生說：「我們相信你，也相信命運，其中並沒有什麽大衝突，國家有歷史和時代的趨勢，也就是命運。算命也是我們中國古代一種學術，不能抹殺他們的成就，明明他們說得能應驗，爲什麽我們不信呢？」

那位姓戴的雖然係譯書局裏的職員，却比梁氏的年紀大得多，他大約有五十多歲，聽說他是梁氏的父執。

他就接着說：「我剛才陪高先生去算命渾天閣那裏，算命的本來不肯批，因爲高先生恐怕口說無憑，不使梁先生和楊先生相信，所以他才肯做去年批的，我相信，渾天閣敢這樣批，而且近在下月之事，絕不致於胡說八道那樣嚴重的事。」

「怎麽嚴重？」梁启超此時才發現高戴兩個今天說話顯然有嚴重的樣子，於是他才把高先生命紙接過去。

「好奇怪，好大胆，這個算命的，竟敢這樣批！」梁氏此時也覺得是一件頗奇怪的事。接着他又微笑地說：「那末，近在目前的事，無妨等到下月看看是何情形再說？」別的事可以等到事實發生了再說，　像這樣性命交關的事，　那好也等到事實發生了再說呢？可見此時梁氏雖然看了命紙上那麽批，而心中還是不相信的。

此時高先生就有些着急地說：「如果你不相信，那就罷了；如果你肯相信，就要早爲準備，否則，等到事實發生，已來不及了！」

「是的，我還是不相信的，因爲我對此事有成見，就是有命運，我們也不能任由命運去支配的。」梁氏又說：「我老實告訴你們，不特我不相信，就是我相信，我也不敢向康先生和楊銳去說這事的。不要說是批楊先生的命，就是批的是我自己的命，我也不能因爲算命的這樣說，我就無緣無故逃走，這還成什麼一回事！」

高先生對梁氏的勸說沒有成功，不久自己就回到上海來了。他滿心相信下月，康梁諸人在北京必然有事故發生，所以自己對於時務報館裏的事情，也作了一些應變的準備。果然在有名的「戊戌政變」就在八月裏發生，康梁一派人被殺的是楊銳、康廣仁、林旭、譚嗣同、楊深秀、劉光第六人，世稱爲戊戌「六君子」。

康有爲與梁啓超二人幸而逃脫，有人說，這就得力於事先高先生把算命之事告訴了他，所以他在事前多少在心理上和佈置上有些準備的，不然何以六君子逃不掉，而康梁係主腦人物反能逃脫呢。

戊戌政變一發生，高先生在上海一得到消息，雖然時務報館是在租界裏，他仍恐怕有問題，於是立即辭去職務，躲在家裏。

後來他知道梁氏已逃到了日本，這完全應了上海算命太乙子的話，也應了渾天閣的預言；於是他自己也遵依算命所說的話，要向北逃，偷偷地由上海上船，跟一個福建的朋友先到了福州，因爲怕由上海去日本會引起人們的注意，就轉了口，改由福州去日本了。

梁啓超氏自戊戌政變之後，嘴裏雖然仍是不相信命運，但心裏却也不自不相信了。後來他在日本東京，先後創辦「清議報」和「新民叢報」頗有名聲。若干年後，民國成立，他又回到上海和北京，那時在日本和他一起辦報的人也先後回國。朋友中知道從前算命之事，偶爾替他去算命，說他四十一歲要出任內閣閣員，當起部長，也等於滿清舊時代的「一品」高官，他聽了，只有笑笑也不像從前那樣反對了。

到了民國二年，是爲袁世凱民國第一任大總統的時候，眞的他出任北洋政府的司法部總長了。

聽說當時梁氏自己是希望當內務部總長或外交部總長的，但這兩部都是重要的，袁世凱不肯給他，他也只好去當司法總長了。那時有個朋友替他去算命，算命說他所學非所用，不久還要變動。他自己也不相信，就問那個朋友，算命的到底怎麽說？朋友說：「算命的說你不久要遷調與『財政』有關的官職。」梁氏笑說：「那不特是我所學非所用，而是這算命的所問非所答；因爲別的我自己不敢預料，叫我管財政的事，我是堅信不會有人會請我去辦理此事的。」

然而，命運之事實有不可思議之奇妙，梁氏接任司法總長不久，竟然被調任爲幣制局總裁，這不是與財政有關係的官職了嗎？

梁氏既不是自己謀得，又不會拒絕不就，這不就明明受了命運的支配嗎？他自己何曾改造了命運？

有一天他坐在總裁辦公廳裏，越想越好笑，剛好替他算命的那位朋友進來，梁氏就問算命的還有將來我們自己想不到的事沒有？

朋友說：「有的，還有三件事。」

「什麽三件事，請說出來聽聽看！」

於是朋友說：「說你四十四歲會當武職的官；四十五歲會當財政總長；而四十七歲以後就不再有官運了！」

「那末，是不是說我四十七歲就要嗚乎哀哉了？」梁氏又說：「當財政總長，或許可能，因爲我現在既當了司法總長又當幣制局總裁，以後當財總，還不算什麽希奇；而希奇的則是四十四歲會當武職的官，　難道我會當起什麽司令官？——那末，廖化當軍師，天下眞要大亂了！」

「那也不敢說，曾國藩、左宗棠不也是文人嗎？」朋友又說：「如果說你的壽命止於四十七歲倒不是奇，說你四十七歲之後沒有官運，則是奇了；因爲四十七歲正是政治活動上的老成持重的時候，那有反而沒有官運了呢？」

「那末，是不是說我那時有了殘廢不能做事呢？」梁氏問說：「他說我活到幾歲？——我自己只希望七十歲。」

「他雖然說你的壽命不能超過耳順（六十）之年，但有『積德延年』的話。」朋友說：「不過，有一事從前高子明也曾請上海太乙子替你算過，現在我姑且對你說一說，希望你將來能夠及時引退，怡養天年；因爲算命說你將來去世身體要流血的，所以勸你能夠早些脫離政海。」

梁氏當時對這段話頗有感慨之情，大概因爲算命說他不能超過六十歲，而且死時要流血。

後來的事實呢？民國四年袁世凱稱帝，第二年岑春煊在肇慶組兩廣都司令部，而梁氏竟然當起司令部的總參謀，正是梁氏四十四歲之年。

民國六年，張勳復辟，段祺瑞討伐，梁氏也果然出任財政總長。

後來雖然宦海升沉無定，又曾兩任總長之職。但到了民國八年四十七歲之後十年，却只在大學裏教書了。

到了五十八歲因小便出血症，兩度割去睪丸，又拔去全部牙齒，流血不止，終於不治死在北京協和醫院了。

編號	書名	作者	說明
占筮類			
1	擲地金聲搜精秘訣	心一堂編	沈氏研易樓藏稀見易占秘鈔本
2	卜易拆字秘傳百日通	心一堂編	
3	易占陽宅六十四卦秘斷	心一堂編	火珠林占陽宅風水秘鈔本
星命類			
4	斗數宣微	【民國】王裁珊	民初最重要斗數著述之一；未刪改本
5	斗數觀測錄	【民國】王裁珊	失傳民初斗數重要著作
6	《地星會源》《斗數綱要》合刊	心一堂編	失傳的第三種飛星斗數
7	《斗數秘鈔》《紫微斗數之捷徑》合刊	心一堂編	珍稀「紫微斗數」舊鈔秘本
8	斗數演例	心一堂編	
9	紫微斗數全書（清初刻原本）	題【宋】陳希夷	斗數全書本來面目；有別於錯誤極多的坊本
10-12	鐵板神數（清刻足本）——附秘鈔密碼表	題【宋】邵雍	無錯漏原版秘鈔密碼表　首次公開！
13-15	蠢子數纏度	題【宋】邵雍	蠢子數連密碼表打破數百年秘傳　首次公開！
16-19	皇極數	題【宋】邵雍	清鈔孤本附起例及完整密碼表研究神數必讀！
20-21	邵夫子先天神數	題【宋】邵雍	附手鈔密碼表研究神數必讀！
22	八刻分經定數（密碼表）	題【宋】邵雍	皇極數另一版本；附手鈔密碼表
23	新命理探原	【民國】袁樹珊	子平命理必讀教科書！
24-25	袁氏命譜	【民國】袁樹珊	
26	韋氏命學講義	【民國】韋千里	民初二大命理家南袁北韋
27	千里命稿	【民國】韋千里	
28	精選命理約言	【民國】韋千里	北韋之命理經典
29	滴天髓闡微——附李雨田命理初學捷徑	【民國】袁樹珊、李雨田	命理經典未刪改足本
30	段氏白話命學綱要	【民國】段方	民初命理經典最淺白易懂
31	命理用神精華	【民國】王心田	學命理者之寶鏡

編號	書名	作者	說明
32	命學探驪集	【民國】張巢雲	發前人所未發　稀見民初子平命理著作
33	澹園命談	【民國】高澹園	
34	算命一讀通——鴻福齊天	【民國】不空居士、覺先居士合纂	
35	子平玄理	【民國】施惕君	
36	星命風水秘傳百日通	心一堂編	
37	命理大四字金前定	題【晉】鬼谷子王詡	源自元代算命術
38	命理斷語義理源深	心一堂編	稀見清代批命斷語及活套
39-40	文武星案	【明】陸位	失傳四百年《張果星宗》姊妹篇　千多星盤命例　研究命學必備
相術類			
41	新相人學講義	【民國】楊叔和	失傳民初白話文相術書
42	手相學淺說	【民國】黃龍	民初中西結合手相學經典
43	大清相法	心一堂編	重現失傳經典相書
44	相法易知	心一堂編	
45	相法秘傳百日通	心一堂編	
堪輿類			
46	靈城精義箋	【清】沈竹礽	沈氏玄空遺珍　玄空風水必讀
47	地理辨正抉要	【清】沈竹礽	
48	《玄空古義四種通釋》《地理疑義答問》合刊	沈瓞民	
49	《沈氏玄空吹虀室雜存》《玄空捷訣》合刊	【民國】申聽禪	
50	漢鏡齋堪輿小識	【民國】查國珍、沈瓞民	
51	堪輿一覽	【清】孫竹田	失傳已久的無常派玄空經典
52	章仲山挨星秘訣（修定版）	【清】章仲山	章仲山無常派玄空珍秘　門內秘本首次公開
53	臨穴指南	【清】章仲山	
54	章仲山宅案附無常派玄空秘要	心一堂編	沈竹礽等大師尋覓一生未得之珍本！
55	地理辨正補	【清】朱小鶴	玄空六派蘇州派代表作
56	陽宅覺元氏新書	【清】元祝垚	簡易・有效・神驗之玄空陽宅法
57	地學鐵骨秘　附　吳師青藏命理大易數	【民國】吳師青	釋玄空廣東派地學之秘
58-61	四秘全書十二種（清刻原本）	【清】尹一勺	玄空湘楚派經典本來面目　有別於錯誤極多的坊本

編號	書名	作者	簡介
占筮類			
121	卜易指南（二種）	【清】張孝宜	民國經典，補《增刪卜易》之不足
122	未來先知秘術——文王神課	【民國】張了凡	內容淺白、言簡意賅、條理分明
星命類			
123	人的運氣	汪季高（雙桐館主）	五六十年香港報章專欄結集！
124	命理尋源	【民國】徐樂吾	民國三大子平命理家徐樂吾必讀經典！
125	訂正滴天髓徵義		
126	滴天髓補註 附 子平一得		
127	窮通寶鑑評註 附 增補月談賦 四書子平		
128	古今名人命鑑		
129-130	紫微斗數捷覽（明刊孤本）[原（彩）色本] 附 點校本（上）（下）	馮一、心一堂術數古籍整理編校小組整理	明刊孤本 首次公開！
131	命學金聲	【民國】黃雲樵	民國名人八字、六壬奇門推命
132	命數叢譚	【民國】張雲溪	子平斗數共通、百多民國名人命例
133	定命錄	【民國】張一蟠	民國名人八十三命例詳細生平
134	《子平命術要訣》《知命篇》合刊	【民國】鄒文耀、【民國】胡仲言撰	《子平命術要訣》科學命理；《知命篇》易理皇極、命理地理、奇門六壬互通
135	科學方式命理學	閻德潤博士	匯通八字、中醫、科學原理！
136	八字提要	韋千里	民國三大子平命理家韋千里必讀經典！
137	子平實驗錄	【民國】孟耐園	作者四十多年經驗 占卜奇靈 名震全國！
138	民國偉人星命錄	【民國】囂囂子	幾乎包括所民初總統及國務總理八字！
139	千里命鈔	韋千里	失傳民初三大命理家-韋千里 代表作
140	斗數命理新篇	張開卷	現代流行的「紫微斗數」內容及形式上深受本書影響
141	哲理電氣命數學——子平部	【民國】彭仕勛	命局按三等九級格局、不同術數互通借用
142	《人鑑——命理存驗・命理擷要》（原版足本）附《林庚白家傳》	【民國】林庚白	傳統子平學修正及革新、大量名人名例
143	《命學苑苑刊——新命》（第一集）附《名造評案》《名造類編》等	【民國】林庚白、張一蟠等撰	史上首個以「唯物史觀」來革新子平命學結集
相術類			
144	中西相人探原	【民國】袁樹珊	按人生百歲，所行部位，分類詳載
145	新相術	【美國】字拉克福原著、【民國】沈有乾編譯	通過觀察人的面相身形、色澤舉止等，得知性情、能力、習慣、優缺點等
146	骨相學	【民國】風萍生編著	結合醫學中生理及心理學，影響近代西、日、中相術深遠
147	人心觀破術 附運命與天稟	【日本】管原如庵、加藤孤雁原著，【民國】唐真如譯	觀破人心、運命與天稟的奧妙

148	《人相學之新研究》《看相偶述》合刊	盧毅安	集中外大成，無不奇驗；影響近代香港相術名著
149	冰鑑集	【民國】碧湖鷗客	各家相法精華、相術捷徑、圖文並茂附名人照片
150	《現代人相百面觀》《相人新法》合刊	【民國】吳道子輯	失傳民初相學經典二種　重現人間！
151	性相論	【民國】余晉龢	民初北平公安局專論相學與犯罪專著（犯罪學生物學派）
152	《相法講義》《相理秘旨》合刊	韋千里、孟瘦梅	命理學大家韋千里經典、傳統相術秘籍精華
153	《掌形哲學》附《世界名人掌形》《小傳》	【民國】余萍客	圖文并茂、附歐美名人掌形圖及生平簡介
154	觀察術	【民國】吳貴長	可補充傳統相術之不足
堪輿類			
155	羅經消納正宗	【明】沈昇撰、【明】史自成、丁孟章合纂	失傳四庫存目珍稀風水古籍
156	風水正原	【清】余天藻	●積德為求地之本，形家必讀！ ●純宗形家，與清代欽天監地理風水主張大致相同
157	安溪地話（風水正原二集）		
158	《蔣子挨星圖》附《玉鑰匙》	傳【清】蔣大鴻等	窺知無常派章仲山一脈真傳奧秘
159	樓宇寶鑑	吳師青	陽宅風水必讀、現代城市樓宇風水看法改革
160	《香港山脈形勢論》《如何應用日景羅經》合刊		香港風水山脈形勢專著
161	三元真諦稿本──讀地理辨正指南	【民國】王元極	被譽為蔣大鴻、章仲山後第一人內容直接了當，盡揭三元玄空家之秘
162	三元陽宅萃篇		
163	王元極增批地理冰海　附批點原本地理冰海	【清】高守中　【民國】王元極	
164	地理辦正發微	【清】唐南雅	極之清楚明白，披肝露膽
165-167	增廣沈氏玄空學　附　仲山宅斷秘繪稿本三種、自得齋地理叢說稿鈔本（上）（中）（下）	【清】沈竹礽	玄空必讀經典！附《仲山宅斷》幾種鈔本及批點本，畫龍點晴、披肝露膽，道中刊印本未點破的秘訣
168-169	巒頭指迷（上）（下）	【清】尹貞夫原著、【民國】何廷珊增訂、批注	圖文并茂：龍、砂、穴、水、星辰九十九變
170-171	三元地理真傳（兩種）（上）（下）	【清】趙文鳴	洩漏天機：蔣大鴻、賴布衣挨星秘訣及用法
172	三元宅墓圖　附　家傳秘冊		蔣大鴻嫡派真傳張仲馨一脈二十種家傳秘本、宅墓案例三十八圖，並附天星擇日
173	宅運撮要	【民國】尤惜陰（演本法師）、榮柏雲	撮三集《宅運新案》之精要
174	章仲山秘傳玄空斷驗筆記　附　章仲山斷宅圖註	【清】章仲山傳、【清】唐鷺亭纂	無常派玄空不外傳秘中秘！二宅實例有斷驗及改造內容
175	汪氏地理辨正發微　附　地理辨正真本	【清】蔣大鴻、姜垚原著、【清】汪云吾發微	蔣大鴻嫡派張仲馨一脈三元理、法、訣具體泄露
176	蔣大鴻家傳歸厚錄汪氏圖解	【清】蔣大鴻、【清】汪云吾圖解	
177	蔣大鴻嫡傳三元地理秘書十一種批注	【清】蔣大鴻原著、【清】汪云吾、【清】劉樂山註	三百年來最佳《地理辦正》註解！石破天驚！

178	《星氣(卦)通義(蔣大鴻秘本四十八局圖并打劫法)》《天驚秘訣》合刊	題【清】蔣大鴻 著	江西興國真傳三元風水秘本
179	蔣大鴻嫡傳天心相宅秘訣全圖附陽宅指南等秘書五種	【清】蔣大鴻編訂、【清】汪云吾、劉樂山註	蔣大鴻徒張仲馨秘傳陽宅風水「教科書」！
180	家傳三元地理秘書十三種		真天宮之秘 千金不易之寶
181	章仲山門內秘傳《堪輿奇書》附《天心正運》	【清】章仲山傳、【清】華湛恩	直洩無常派章仲山玄空風水不傳之秘
182	《挨星金口訣》、《王元極增批補圖七十二葬法訂本》合刊	[民國]王元極	秘中秘——玄空挨星真訣公開！字字千金！
183-184	《家傳三元古今名墓圖集附謝氏水鉗》《蔣氏三元名墓圖集》合刊(上)(下)	(清)孫景堂，劉樂山，張稼夫	蔣大鴻嫡傳風水宅案、幕講師、蔣大鴻、姜垚等名家多個實例，破禁公開！
185-186	《山洋指迷》足本兩種 附《尋龍歌》(上)(下)	【明】周景一	風水巒頭形家必讀《山洋指迷》足本！
187-196	蔣大鴻嫡傳水龍經注解 附 虛白廬藏珍本水龍經四種(1-10)	【清】蔣大鴻編訂、【清】楊臥雲、汪云吾、劉樂山註	蔣大鴻嫡傳一脈授徒秘笈 希世之寶 千年以來，師師相授之秘旨，破禁公開！完整了解蔣氏嫡派真傳一脈三元理、法、訣！附已知最古《水龍經》鈔本等五種稀見《水龍經》
197	批注地理辨正直解	【清】章仲山	無常派玄空必讀經典未刪改本！
198	《天元五歌闡義》附《元空秘旨》(清刻原本)		
199	心眼指要(清刻原本)		
200	華氏天心正運	【清】華湛恩	
201-202	批注地理辨正再辨直解合編(上)(下)	【清】蔣大鴻原著、【清】姚銘三再註、【清】章仲山直解	失傳姚銘三玄空經典重現人間！名家：沈竹礽、王元極推薦！
203	章仲山注《玄機賦》《元空秘旨》附《口訣中秘訣》《因象求義》等九種合刊	【清】章仲山	近三百年來首次公開！章仲山無常派玄空秘密，和盤托出！
204	章仲山門內真傳《三元九運挨星篇》《運用篇》《挨星定局篇》《口訣篇》等合刊	【清】章仲山、柯遠峰等	章仲山注《玄機賦》及章仲山原傳之口訣及筆記
205	章仲山門內真傳《大玄空秘圖訣》《天驚訣》《飛星要訣》《九星斷略》《得益錄》等合刊	【清】章仲山、冬園子等	
206	撼龍經真義	吳師青註	近代香港名家吳師青必讀經典
207	章仲山嫡傳《翻卦挨星圖》《秘鈔元空秘旨》附《秘鈔天元五歌闡義》	【清】章仲山傳、【清】王介如輯撰	透露章仲山家傳玄空嫡傳學習次弟及關鍵不傳之秘
208	章仲山嫡傳秘鈔《秘圖》《節錄心眼指要》合刊		
209	《談氏三元地理大玄空實驗》附《談養吾秘稿奇門占驗》	【民國】談養吾撰	史上首次公開「無常派」下卦起星等挨星秘密之書
210	《談氏三元地理濟世淺言》附《打開一條生路》		了解談氏入世的易學卦德爻象思想
211-215	《地理辨正集註》附《六法金鎖秘》《巒頭指迷真詮》《作法雜綴》等(1-5)	【清】尋緣居士	集《地理辨正》一百零八家註解大成精華 匯巒頭及蔣氏、六法、無常、湘楚等秘本 史上最大篇幅的《地理辨正》註解
216	三元大玄空地理二宅實驗(足本修正版)	【民國】尤惜陰(演本法師)、榮柏雲撰	三元玄空無常派必讀經典足本修正版

編號	書名	作者	簡介
217	蔣徒呂相烈傳《幕講度針》附《元空秘斷》《陰陽法竅》《挨星作用》	【清】呂相烈	蔣大鴻門人呂相烈三元秘本三百年來首次破禁公開！
218	挨星撮要(蔣徒呂相烈傳)		
219-221	《沈氏玄空挨星圖》《沈註章仲山宅斷未定稿》《沈氏玄空學(四卷原本)》合刊(上中下)	【清】沈竹礽 等	揭開沈氏玄空挨星五行吉凶斷的變化及不同用法 章仲山宅斷未刪本、沈氏玄空學原本佚文、玄空挨星圖稿鈔本 大公開！
222	地理穿透真傳(虛白廬藏清初刻原本)	【清】張九儀	三合天星家宗師張九儀畢生地學精華結集
223-224	地理元合會通二種(上)(下)	【清】姚炳奎	分發兩家(三元、三合)之秘，會通其用詳解注羅盤(蔣盤、賴盤)；義理、斷驗俱精
其他類			
225	天運占星學 附 商業周期、股市粹言	吳師青	天星預測股市，神準經典
226	易元會運	馬翰如	《皇極經世》配卦以推演世運與國運
三式類			
227	大六壬指南(清初木刻五卷足本)		六壬學占驗課案必讀經典海內善本
228-229	甲遁真授秘集(批注本)(上)(下)	【清】薛鳳祚	明清皇家欽天監秘傳奇門遁甲 奇門、易經、皇極經世結合經典
230	奇門詮正	【民國】曹仁麟	簡易、明白、實用，無師自通！
231	大六壬探源	【民國】袁樹珊	民初三大命理家袁樹珊研究六壬四十餘年代表作
232	遁甲釋要	【民國】徐昂	推衍遁甲、易學、洛書九宮大義！
233	《六壬卦課》《河洛數釋》《演玄》合刊		疏理六壬、河洛數、太玄隱義！
234	六壬指南(【民國】黃企喬)	【民國】黃企喬	失傳經典 大量實例
選擇類			
235	王元極校補天元選擇辨正	原【清】謝少暉輯、【民國】王元極校補	三元地理天星選日必讀
236	王元極選擇辨真全書 附 秘鈔風水選擇訣	【民國】王元極	王元極天昌館選擇之要旨
237	蔣大鴻嫡傳天星選擇秘書注解三種	【清】蔣大鴻編訂、【清】楊臥雲、汪云吾、劉樂山註	蔣大鴻陰陽二宅天星擇日日課案例！
238	增補選吉探源	【民國】袁樹珊	按表檢查，按圖索驥：簡易、實用！
239	《八風考略》《九宮撰略》《九宮考辨》合刊	沈嵊民	會通沈氏玄空飛星立極、配卦深義
其他類			
240	《中國原子哲學》附《易世》《易命》	馬翰如	國運、世運的推演及預言